# O MÍSTICO

Ian Mecler

# O MÍSTICO
## Uma viagem pela árvore da vida

BASEADO EM FATOS REAIS

2ª edição

EDITORA RECORD
RIO DE JANEIRO • SÃO PAULO
2022

Copyright © 2013 by Ian Mecler

*Projeto gráfico de miolo:* Miriam Lerner
*Imagens da capa:* ©iStockphoto.com | David Ciemmy | Chris Downie

---

CIP-BRASIL. CATALOGAÇÃO NA FONTE
SINDICATO NACIONAL DOS EDITORES DE LIVROS, RJ

M435c

Mecler, Ian, 1967-
    O místico : uma viagem pela árvore da vida : baseado em fatos reais / Ian Mecler. – 2ª ed. – Rio de Janeiro : Record, 2022.
    ISBN 978-85-01-40194-6

1. Cabala. 2. Meditação. I. Título.

13-0021
                                      CDD: 296.16
                                      CDU: 296.65

---

Todos os direitos reservados. Proibida a reprodução, armazenamento ou transmissão de partes deste livro, através de quaisquer meios, sem prévia autorização por escrito.

Este livro foi revisado segundo o novo Acordo Ortográfico da Língua Portuguesa.

Direitos exclusivos dessa edição reservados pela
EDITORA RECORD
Rua Argentina, 171 – 20921-380 – Rio de Janeiro, RJ – Tel.: (21) 2585-2000.

Seja um leitor preferencial Record.
Cadastre-se em www.record.com.br e receba informações sobre nossos lançamentos e nossas promoções.

Atendimento e venda direta ao leitor:
sac@record.com.br

Impresso no Brasil
2022

Este livro é dedicado a você!

# SUMÁRIO

Agradecimentos ........................................................ 9

Prólogo .................................................................... 11

Introdução .............................................................. 13

capítulo 1 • A escolha .............................................. 45

capítulo 2 • O propósito .......................................... 59

capítulo 3 • Cura ..................................................... 79

capítulo 4 • A meditação ......................................... 99

capítulo 5 • Disciplina e amor ................................ 113

capítulo 6 • Entendimento e sabedoria .................. 135

capítulo 7 • O milagre ............................................ 153

capítulo 8 • De volta ao templo .............................. 171

# AGRADECIMENTOS

À minha mulher Elizabeth e aos nossos filhos Davi e Jordana. São eles inspiração para todo este trabalho.

Aos meus pais Abrahão e Rosinha e à minha irmã Kátia, minha primeira e muito amada família.

Aos mestres espirituais Rav Coah, Rav Nerruniá e Rav Meir, pela sabedoria e conhecimento transmitidos, de forma sempre afetuosa.

Aos mestres Helio Moreira (Soneca), José Henrique Leão Teixeira e Carlos Gracie Junior, pela dedicação com a qual me instruíram, da faixa branca à faixa preta. Também a Michel Safi e Gustavo Muggiati, que muito ajudaram no preparo para as competições.

A todos que fazem parte da Viação Cidade do Aço, por uma parceria de décadas de sucesso, em especial ao diretor e amigo Joel Fernandes Rodrigues, pela confiança e excelência profissional.

A Regina Brauer, semente de uma trajetória espiritual, e a Tomaz Suzano e Lilian Monteiro, por abrirem importantes caminhos.

Aos meus alunos presenciais e aos que acompanham à distância, por uma confiança e um amor muito inspiradores. Em especial, aos membros de nosso pacto.

Aos leitores que, com seus testemunhos de transformação, trazem forte motivação para a realização de novos livros.

Muitos são os amigos e familiares a quem gostaria de agradecer. Como não há espaço para citar todos, relaciono apenas aqueles que tiveram participação direta com esta obra e/ou fizeram importantes críticas e sugestões: Rosinha Goldenstein, Cristine Ferracciu, Val Silva, Ana Prôa, Jordana Mecler, Davi Mecler, Luiza Brito, Renata Raiá, Cle Shamai, Paulo Guaranho, Naide Farias, Edinei Castro, Waldemar Falcão e Leda Guimarães.

Por último, gostaria de agradecer aos meus editores, Andréia Amaral, Bruno Zolotar e Roberta Machado, que, com sua competência, permitem que ideias se transformem em realidade.

# PRÓLOGO

Ásia, 29/05/2012

Já era madrugada quando Yacov olhou fundo nos meus olhos e disse: "Você não precisa ter medo. Estamos amparados pela força de Deus. Nossos mestres também estão aqui conosco. Feche os olhos agora e sinta a presença. Se você largar o medo, poderá entrar em um lugar único, cuja visão é magnânima."

Depois disso, não me lembro de muita coisa, exceto de que comecei a tremer. E, quando me dei conta, estava diante de um túnel. Já vislumbrara tal sensação anos antes, quando acompanhando a passagem de seres queridos que deixavam este mundo. Mas, agora, quem estava dentro do túnel era eu. Algumas perguntas martelavam a minha mente:

- Seria o momento de minha partida deste mundo?
- Estaria eu preparado para esta viagem?
- O que estaria me esperando do outro lado do túnel?

Em um dado momento, lembrei-me de uma frase de meu mestre, e todas as perguntas cessaram:

"Nada real pode ser ameaçado!"

# INTRODUÇÃO

*Doze anos antes*

# O Chamado

Aparentemente, era um sucesso. Eu tinha uma família maravilhosa, uma empresa próspera, fazia viagens frequentes para o exterior, desfrutava de completa independência financeira, era um homem bem-sucedido dentro da lógica do *American way of life*. Até que, no dia 17 de janeiro, recebi um duro recado da vida. Algo que me tirou por completo da zona de conforto, com a qual a maior parte da humanidade, habitualmente adormecida, está sempre sonhando.

Sem qualquer alarde, meu médico solicitou que eu fizesse um exame de ultrassonografia. Era um pedido de rotina, desnecessário para alguém com apenas 34 anos de idade. Mas, já que o médico havia pedido, por que não fazer?

O resultado produziu imenso e imediato impacto em minha vida. Liguei choroso para meus familiares, procurando explicar o que se passava: o exame havia revelado a presença de tumores que ocupavam quase a totalidade de meu fígado.

Mas ainda seriam necessários pesquisas e exames complementares para então traçar o diagnóstico, que poderia variar entre duas hipóteses. Na primeira, eu deixaria o planeta rapidamente, em semanas, talvez dias. Na segunda, ficaria mais um tempo por aqui, tendo que conviver com algo raro, até mesmo para os maiores especialistas.

Nos dias que se seguiram ao resultado do exame, mal consegui olhar nos olhos dos meus filhos. Sentia imensa culpa pela ideia, que me atordoava incessantemente, de deixá-los de forma tão prematura. Uma notícia como essa tira qualquer um do prumo. Não deveria ser assim, uma vez que todos, mais cedo ou mais tarde, deixaremos o planeta. Porém, sejamos realistas: esse é o tipo de certeza que preferimos esquecer.

Naquele momento, eu tinha um problema de verdade. Ainda assim, de alguma forma, sabia que era um sinal. Cada um de nós tem uma jornada a cumprir. Nas rodas propulsoras de causa e efeito, precisamos de experiências de correção. Se negamos essa oportunidade, a alma encontra uma forma de nos avisar.

É incrível como em um único segundo nossa vida pode mudar por completo. Era como se um piano tivesse caído sobre minha cabeça. Passei uma semana na expectativa de saber se viveria ou não. O único momento em que me sentia à vontade para chorar era enquanto tomava banho. Essa era a ocasião em que descarregava as lágrimas e todo aquele peso sem causar ainda mais tristeza a minha esposa e aos nossos filhos, ainda muito pequenos.

Sob a água do chuveiro, eu pensava: "É dessa forma que vou deixar familiares tão queridos?" "Que diferença fez minha passagem por este mundo?". As indagações eram muitas. Eu estava triste, não apenas pela ameaça da morte, mas também pela sensação de não ter desfrutado plenamente da oportunidade da vida.

E logo quando eu estava prestes a realizar um sonho: conquistar a faixa preta na arte marcial que eu abraçara havia sete anos, o jiu-jítsu. Luta que entrou na minha vida logo após eu ter completado 28 anos de idade. Naquela época, eu já havia conquistado o rótulo de homem bem-sucedido, mas, durante esse percurso, comecei a sentir um imenso nada crescendo dentro de mim.

Urgia a necessidade de fazer algo diferente, que me confrontasse, que trouxesse de volta a carga de adrenalina, o incerto, o frio na barriga. Para introduzir essas emoções em minha vida, escolhi justamente o inusitado: as artes marciais.

Só que havia um porém: definitivamente não nasci para o combate físico. Talvez por isso jamais tenha cogitado fazer parte de algo assim. Nunca gostei de briga, nem mesmo de confronto verbal. Enfim, a nova empreitada tinha tudo para ser um tremendo fracasso, considerando minha pouca massa corporal e habilidade motora bem abaixo da média. No entanto, a vida nem sempre se comporta de acordo com as expectativas: ao iniciar-me nas artes marciais, foi amor à primeira vista.

Em um mergulho profundo, comecei a transformação: musculação, treinos duas vezes ao dia, natação, fortes exercícios aeróbicos, nutricionistas, aulas particulares. E, incentivado por um mestre de rara afetividade, ingressei nas competições.

O medo me tomava na véspera de cada confronto com aqueles sujeitos de orelha quebrada e cabeça raspada, como um que trazia a seguinte inscrição no quimono: "Isto aqui não é a Disneylândia." Acabei superando meus temores e também descobrindo que os grandes lutadores, em geral, são os que mais respeitam seus adversários.

Perdi algumas competições, venci outras, mas a fome pela evolução jamais cessou. Eu almejava a faixa preta. Continuei mergulhado nas artes marciais até que, quando faltavam apenas alguns meses para conquistar o tão sonhado feito, cujo esforço consumira mais energia e tempo do que tudo o que eu fizera antes, tive a ingrata surpresa de descobrir os tumores. A primeira recomendação médica foi: "Você precisa parar de lutar imediatamente!"

Foi um período de ansiedade. Inseguro, aguardava o diagnóstico que revelaria se eu iria permanecer no mundo físico. Por outro lado, essa experiência me trouxe imenso aprendizado, porque, quando livres das cascas que encobrem a realidade, entramos em contato com tudo aquilo que é real.

A espera pelo diagnóstico acabou se tornando a mola propulsora de novos aprendizados: descobri que tudo o que tem forma se desfaz. E, se desejamos trazer um real significado à vida, precisamos descobrir uma dimensão que transcenda a forma.

Eu sentia falta de alguém que me apontasse o caminho a seguir. Meu último mestre havia sido Ney Nerruniá, que foi o meu guia durante anos. O primeiro encontro, quase duas décadas antes, não poderia ter sido mais impactante.

# O Profeta

"Finalmente você veio!"

Foi com essa saudação que, 17 anos antes, Rav Nerruniá me cumprimentou, ainda do lado de dentro da porta, sem que jamais houvéssemos nos encontrado. Tive a nítida sensação de que ele já estava a minha espera.

O prédio em que ele morava ficava numa rua tumultuada de Copacabana, no Rio de Janeiro, que abrigava também um conhecido prostíbulo. No momento em que entrava no prédio, pensei em desistir do encontro. Eu me questionava sobre o fato de um homem com elevado poder sacerdotal viver em um lugar tão desprovido da essência espiritual como aquele.

Agradeço à força intuitiva que não me permitiu recuar, pois aquele homem mudaria a história da minha vida. Homem raro, notável, daqueles que nascem um ou dois a cada geração em todo o mundo, profeta que tinha o talento para acessar passado, presente e futuro, como se o tempo fosse apenas uma ilusão de nossa mente cognitiva.

Sr. Ney tinha 60 anos, pele clara, média estatura, era careca e obeso. O pacato senhor era uma figura ímpar, de uma simpatia irradiante, e me recebeu com um sorriso largo.

Sentou-se comigo na pequena sala, em uma mesa repleta de amuletos, cristais e pedras coloridas. Em mais de duas horas de encontro, o velho senhor faria uma radiografia da minha existência. Ainda mais impressionantes foram as profecias relacionadas ao meu futuro, as quais, naquele momento, eu não poderia comprovar, mas que de fato se realizaram — a maioria na forma e no tempo exatos como anunciados por eles. Até mesmo a data de sua própria morte ele me profetizou, com sete anos de antecedência!

Sem que eu proferisse uma única palavra, Nerruniá descreveu com detalhes a separação de meus pais, o ano exato em que isso ocorrera, os problemas subsequentes quando meu pai se casaria com uma nova mulher e, com isso, eu receberia um novo núcleo familiar repleto de conflitos.

Talvez por esse motivo eu tenha me tornado uma criança estranha, como diziam meus colegas de colégio. Muito solitário e cheio de complexos de todo tipo. E isso o mestre também viu. Posteriormente, pude testemunhar inúmeras profecias por ele anunciadas, certamente inspiradas pelo Altíssimo, e que levavam várias pessoas às lágrimas.

Diante de tantas previsões que se concretizavam, foram necessários muitos anos de completa dedicação à espiritualidade para que eu pudesse ter condições de responder a respeito do livre-arbítrio. Afinal, se profetas como Rav Nerruniá veem o futuro detalhadamente, teríamos de fato capacidade de escolher? Ou seriam nossas ações resultados predefinidos diante de um roteiro do qual somos apenas personagens?

Enquanto ele narrava minha vida, como alguém que lê um *script*, eu me lembrava de minha imensa dedicação à faculdade, virando noites e noites no laboratório de computação da PUC-RJ, que, naquela época, ainda utilizava cartões de papel perfurados. E, recém-formado, fui convidado a ingressar no corpo docente da faculdade.

Paralelamente ao progresso profissional, fiz um grande esforço para me aprimorar também como ser humano: terapias, caminhos espirituais e muito trabalho.

O mestre profetizou também sobre a mulher de minha vida, que eu conhecera meses antes do primeiro contato com ele: uma paixão arrebatadora. Viu ainda muitos fatos que se concretizariam no mundo físico, anos mais tarde: o casal de filhos, o crescimento da empresa, a compra de um imóvel dos sonhos e muito mais.

Durante anos, ele me guiou. E que bênção é ter um guia espiritual desse quilate! Rav Nerruniá me orientou em todos os momentos, em especial nos sustos que invariavelmente a vida nos apresenta, mas sempre repetia uma mesma profecia, que me deixava ligeiramente irritado: "Você ainda vai trabalhar de *Kipá* na cabeça."

# Despedida

"Você precisa ir ao hospital com urgência. Nosso mestre Nerruniá foi internado em estado grave."

Foram essas as palavras com as quais fui avisado do frágil estado de saúde de meu querido guru. Fiquei aflito, porque imediatamente recordei que ele acabara de completar 72 anos, idade com a qual havia profetizado sua despedida do mundo.

No dia seguinte, ele já havia sido transferido para o CTI, em estado gravíssimo. Novamente me telefonaram, mas, por estar com uma forte gripe, não fui autorizado a visitá-lo. Todos diziam que não haveria tempo, porém a força de nosso contato era imensa e algo dentro de mim dizia: "Ele vai me esperar."

Passaram-se quase dez dias até que melhorei o suficiente para ir até o hospital em que ele se encontrava, na Zona Norte do Rio de Janeiro. Era uma tarde de sexta-feira, quando entrei no box oito do CTI. Logo percebi que havia algo significativo nesse número. Nunca achei que os números aparecem em nossa vida ao acaso. Há sempre uma mensagem por trás deles.

Diante do leito do mestre Nerruniá, me deparei com a chocante cena de um corpo físico esvaziado de vitalidade. Foi difícil olhar para seu rosto, antes tão amável, radiante de vida, agora desfigurado.

Não é nada fácil encarar as leis que governam nosso mundo físico, marcado pelo perecível. Mas é nesses momentos que precisamos colocar em prática um dos ensinamentos mais contundentes do caminho espiritual: a visão por trás das cascas. Os obstáculos surgem em nossa vida e, tomados pelo medo ou pela raiva, costumamos olhá-los de uma forma. Mas, se decidimos olhar para a essência da situação, o que está além do óbvio, podemos revelar as mensagens ocultas em cada situação.

No box oito do CTI, não havia acomodação disponível. Então, de pé mesmo, comecei a ter uma "conversa" com o Rav Nerruniá. Ele estava em coma profundo, mas o nosso contato era intenso. Eu ainda não sabia o motivo pelo qual ele hesitava em fazer a sua partida deste mundo. Porém, tinha uma certeza: não era por medo. Como poucos, Rav Nerruniá conhecia o que lhe aguardava do outro lado.

Inconsciente, em coma profundo, impossibilitado de falar, ele, aos poucos, me revelou por telepatia a razão de toda a sua apreensão: estava muito preocupado com um pequeno menino que dormia ao seu lado todas as noites.

Meu mestre havia tido três filhos de sangue e cerca de vinte adotados. Os dois últimos eram meninos de rua, que levou para morar com ele em sua casa. Um deles, ainda adolescente, se juntou com uma moça, também muito nova. Ela engravidou e teve um bebê.

É claro que toda a responsabilidade daquela nova família recaiu sobre Nerruniá, até porque o pai do menino, desde muito cedo, convivia com sérios problemas com drogas. O mestre, que já vivia muito apertado financeiramente, era quem sustentava a todos em seu pequeno apartamento. Ainda assim, amava aquela criança de uma forma muito especial.

Compreendendo o que se passava, ainda no CTI, disse a ele:

"Mestre, já entendi o seu receio, mas fique tranquilo. Eu me encarregarei de jamais deixar faltar comida, saúde ou educação para esse menino!"

Imediatamente, seu semblante se transformou. Uma admirável serenidade tomou conta de seu rosto, algo inexplicável para uma pessoa naquela situação de saúde. Prestei minhas últimas orações, virei as costas e parti de volta para minha casa, na Zona Sul da cidade.

Horas mais tarde, os parentes mais próximos me ligaram, informando que Nerruniá partira minutos após nossa despedida naquele CTI, em plena noite de sexta-feira, data que posteriormente se tornaria de grande significado em minha vida: o *shabat*.

Dias após a sua morte física, perdi o contato com as pessoas que moravam com ele: os dois filhos adotados, a esposa de um deles e o menino de um ano, "o netinho", como ele carinhosamente chamava o pequeno. Todos tiveram que deixar às pressas o apartamento alugado, no bairro da Tijuca.

Liguei para outros discípulos do mestre, para familiares, cheguei a procurá-los em uma favela de Copacabana, para onde alguns apontavam o paradeiro deles. Mas jamais encontrei um único rastro daquela família.

# A Busca

Agora eu não tinha mais o mestre ao meu lado. E, sem o seu amparo, tive que esperar pelos resultados dos exames, que chegaram trazendo duas novas notícias. Uma boa: os tumores não eram letais. A outra má: eles tinham proporções gigantescas, alguns maiores do que um tomate.

Diante da impossibilidade de intervenção cirúrgica, eu precisaria fazer modificações estruturais em minha vida. A primeira delas me obrigava a parar de praticar artes marciais. Havia algo ainda mais relevante: eu agora precisava escutar um antigo chamado, que há anos protelava, em função das conquistas do mundo perecível.

Era o momento de buscar um novo caminho espiritual, que me ajudasse a responder a uma incessante pergunta que martelava minha cabeça: "Haveria uma maneira de viver na qual a proximidade da morte não colocasse tudo abaixo?"

Lidar com o incerto pode ser desesperador! E foi com esse estado de espírito que passei a buscar os "profissionais" da espiritualidade. Mas, como tudo responde a uma lei da atração, só encontrei mais incertezas, mais ilusões.

Longa e infrutífera seria minha peregrinação. A vida sem a visão de Rav Nerruniá era muito mais difícil. Mas, conforme ele havia profetizado, eu teria que aprender a enxergar por mim mesmo.

Chegou um momento em que desisti de buscar. Havia aprendido com Nerruniá que temos que fazer a nossa parte, mas esperar que o destino se encarregue de sua valiosa contribuição. E parece que tudo o que é valioso chega a nós quando nos desfazemos das nossas ansiedades. Esse ensinamento se comprovou na prática, pois, quando as expectativas se dissolveram, a porta se abriu.

Um anjo da guarda surgiu na forma de uma amiga, que eu não via há muitos anos. Ela me contou sobre um xamã siberiano, um homem que vivia nas cavernas da Rússia, me garantindo que se tratava de um mestre de verdade, fato cada vez mais raro nos dias de hoje. Disse, ainda, que ele estaria apenas dois dias no Brasil, em um local retirado. Não pestanejei: fui ao seu encontro.

Havia um número considerável de pessoas que também estava ali em busca de uma resposta. Esperei minha vez. Quando fui chamado, tentei evitar, mas não consegui disfarçar minha ansiedade e a perplexidade diante de uma figura tão rara.

Era como se eu estivesse em frente a uma montanha: sereno, sólido, seguro, o xamã emanava um estado de paz radiante. Não havia dúvida: aquele era mesmo um homem de Deus. Além de nós dois, ainda havia um intérprete, que acompanhava cada um dos estrangeiros que conseguiram chegar até ele.

O xamã era um homem forte, com pele clara, olhos azulados e uma barba ruiva cerrada. Não conseguia identificar a emoção que ele transpassava através de seu olhar, mas, aos poucos, fui entrando em meditação. Eu já estava em silêncio e em paz quando ele começou a tocar, lentamente, um tambor antigo diferente de tudo o que eu já havia visto.

Fechei os olhos, pedindo silenciosamente a Deus que pudesse falar a mim através daquele homem. O encontro durou apenas alguns minutos, mas foi o suficiente para que ele pudesse decifrar tudo o que era realmente importante para mim. E era intrigante saber que nada mais tinha importância, que nos ocupamos tanto com coisas que não servem para nada!

Em um determinado instante, ele me disse:

"Você tem um problema de saúde. Fica abaixo de sua escápula direita, entre o fígado e o estômago. Não é uma brincadeira. Mais do que uma doença, trata-se de um sinal divino. E o que Deus está lhe falando é que você tem uma missão: guiará muitas pessoas em um caminho de Luz. Mas não é algo que você possa escolher. Cumpra a sua missão ou deixará este mundo cedo, de morte não natural!"

# O Sinal

A verdadeira mensagem que circula no contato entre dois seres humanos tem muito pouco a ver com as palavras que são trocadas entre eles. Trata-se de algo mais profundo: são as vibrações emanadas a partir da aura de luz que habita um corpo. É possível sentir isso quando você encontra um ser centrado, ao ser preenchido pela paz e intensa tranquilidade que esse ser emana. Era o que eu sentia diante daquele mestre, mesmo quando dizia coisas aparentemente tão apavorantes.

Mas, afinal, de que missão espiritual ele estava falando? Precisaria trilhar um bom caminho até descobri-la.

Nessa caminhada, fui levado a uma taróloga. Era uma jovem que falava uma barbaridade atrás da outra. Parecia uma rogadora de pragas. Enquanto a ouvia, eu orava para que ela sumisse dali imediatamente. Naquela noite, aprendi que o preço da consulta de um falso profeta normalmente é muito maior do que o dinheiro desembolsado.

Continuei em busca de um guia. Certo dia, uma pessoa bem informada sobre questões que envolviam a espiritualidade me falou sobre um pajé que vinha do Xingu. Ela me disse que ele materializava objetos e que havia tirado "uma bola" de seu estômago. Lá fui eu, rumo ao subúrbio do Rio de Janeiro.

Quando cheguei, não senti qualquer empatia pela figura, mas, como havia sido bem recomendado, segui para o quarto de atendimento. Também tinha receio do que poderia me acontecer se recuasse já dentro do casebre do suposto curandeiro.

O pajé me pediu que virasse de bruços na cama, o que aumentou ainda mais o meu constrangimento, e começou a passar as mãos em minhas costas. Com a cabeça levemente virada, eu fazia um esforço brutal com os olhos — sem que ele percebesse — para assistir àquela cena patética. Vi quando jogou um pedaço de uma massa escura em sua própria mão. Em seguida, fingindo ter realizado uma cirurgia espiritual, ou materializado algo, me disse: "Olhe o que saiu de suas costas!"

Patético mesmo foi o fato de eu ter deixado ele soprar em meu nariz para curar uma alergia. Resultado: dias depois fui diagnosticado com uma pneumonia de contágio, certamente transmitida pelo curandeiro. Fiquei um mês em casa me recuperando e prometi a mim mesmo que jamais iria me entregar novamente a esses "profissionais" da espiritualidade.

Que falta eu sentia do mestre Nerruniá! Se ao menos ele pudesse me orientar do plano astral, onde se encontrava. Enquanto vivo, quantas vezes estive com ele, em situações semelhantes, envolvendo amigos ou até parentes.

Certa vez, minha mãe e minha avó detectaram, no mesmo mês, nódulos no seio direito. Estranha coincidência. Nervoso, fui até ele, que me disse: "A sua mãe tem um tumor benigno, já o de sua avó é maligno. No entanto, por conta da idade já avançada, o tumor não irá adiante e ela ainda viverá por muitos anos."

Como em tantos outros casos, aconteceu exatamente como o mestre previra. Nossa ligação era de uma profundidade ímpar. Eu sabia que, mesmo depois de partir, ele poderia me orientar naquele momento em que me sentia tão confuso.

Meditei e orei dias e dias pedindo um contato. Até que, durante um sonho, tive uma revelação. O mestre falava de uma caixa. Quando acordei, lembrei que ele escrevia contos. E um, em especial, ele havia afirmado que eu teria que ler, nem que fosse após a sua morte.

Foram necessários meses até eu conseguir contatar o filho do mestre Nerruniá que guardara seus pertences, em uma pequena casa em Jacarepaguá, bairro do Rio de Janeiro. Por quase trinta minutos, revirei livros, cadernos, amuletos espirituais, até que achei o caderno em que ele escrevia seus contos, todos à mão.

Ele adorava contar histórias! Além dos contos, havia nesse caderno trechos de livros que ele recortava, orações etc. Ao passar as folhas, algumas já parcialmente corroídas pelo desgaste dos anos, me deparei com um envelope, preso a uma delas. Estava intacto e uma densa crosta de poeira o cobria. O envelope estava lacrado e meu coração palpitou quando vi meu nome como destinatário. Trêmulo, imediatamente o abri. O mestre havia escrito:

"Meu querido, você vai abrir este envelope no momento certo, quando se defrontará com um grande desafio, envolvendo sua própria vida. Será preciso uma mudança de 180º no rumo que você veio tomando até então. Algumas chaves serão necessárias, a primeira delas está aqui. Começo lhe dizendo coisas que jamais revelei a ninguém, nem mesmo aos meus próprios filhos.

Há mais de trinta anos, tive uma forte iniciação mística. Embora eu já fosse um profeta desde meu nascimento, sempre tive loucura pelo judaísmo. Estudei a fundo a Torá e os principais textos. Quando procurei me converter, no entanto, nenhuma sinagoga me aceitou. Tudo o que eu tinha era a descendência judaica por parte de um avô. Não era suficiente.

Acabei por me desenvolver em uma religião afro-brasileira que tem imensa relação com o judaísmo, embora poucos compreendam essa ligação. Um dia, atendi um judeu desesperado porque seu filho corria sério risco de vida. Os médicos disseram que nada podiam fazer. Ele implorou que eu fizesse algo e, embora evitasse intervir em assuntos de tal ordem, porque sou um profeta de nascimento e não um curandeiro, decidi realizar um trabalho espiritual com a família. E o menino foi salvo.

Muito agradecido e sabendo dos meus dotes espirituais, ele conseguiu abrir as portas daquela que é possivelmente a mais profunda escola espiritual do planeta. Passei 14 dias nessa escola, foram dias que mudaram por completo o rumo da minha vida.

Tive acesso a uma sabedoria perdida, secreta, e que é capaz de transformar a alma de um homem mais rapidamente do que seria possível com milhares de anos dentro das rodas reencarnatórias. Trata-se de um lugar realmente secreto. E, mesmo que você aprenda a chegar até lá, jamais será recebido sem uma carta de apresentação, que exige também uma senha.

Caberá a você dar continuidade a esse trabalho que pude desenvolver durante os anos e que ninguém, absolutamente ninguém, jamais soube que era fruto de um conhecimento milenar, trazido pelos maiores místicos judeus. Trata-se da sabedoria espiritual pura, sem manchas.

No verso desta folha, você encontrará o contato do grande mestre Coah, que me iniciou pessoalmente há mais de trinta anos."

Ao acabar de ler a carta deixada por Nerruniá, desabei em um choro intenso e emocionado. Ele havia me deixado um sinal. Que bom saber que os sinais estão presentes em nosso mundo! Orei em agradecimento, coloquei o envelope no bolso, deixei todos os pertences de Nerruniá como os havia encontrado e fui para casa, com a mente fervilhando.

Uma nova e iluminada porta se abrira.

# Despedida

Consegui contato com o mestre de meu mestre. Seu assessor me adiantou que seria exigida uma carta de recomendação e uma senha, e que ainda assim ele só recebia estrangeiros duas vezes por ano: nos solstícios de verão e de inverno. A próxima data seria no de inverno e aconteceria dentro de seis semanas.

Era tudo novo, encantador. Uma substancial empolgação tomava conta de mim, até que um velho inimigo surgiu: o medo. Eu iria só, rumo a um lugar desconhecido, longe da civilização, em uma expedição totalmente misteriosa.

Durante dias pensei em cancelar a viagem, procurando criar todas as formas de empecilho possíveis. Porém, maior que o medo da viagem era a lembrança do xamã tocando o tambor diante de mim, com uma aura resplandecente, me dizendo: "Cumpra a sua missão ou deixará este mundo mais cedo."

Havia força em suas palavras e, mesmo relutante, segui adiante. Assim, comecei a preparar uma infinidade de detalhes que uma viagem como essa exigia: compra de passagens aéreas, roupa para o frio do deserto, preparo de um substituto para os eventuais problemas que surgissem na empresa de informática, treinamento mais intensivo de idiomas...

De certa forma, foi bom. O excesso de atividades me ajudou a esquecer o medo. Talvez seja por isso que as pessoas se ocupem a cada dia mais: para se esquecerem de suas mais diversas formas de medo; entre elas, o vilão número um, a morte.

Quando me dei conta, já estava no aeroporto com minha mulher. Sua última frase em nosso abraço de despedida ficou gravada:

"Traga para todos nós algo que faça tudo isso realmente valer a pena!"

# Chegada

Quarenta e dois dias após o encontro da carta de Nerruniá, eu desembarquei no aeroporto de destino. Mas faltava ainda uma longa jornada. Antes de partir, me foi exigido um pacto de sigilo, o mesmo feito por meu mestre trinta anos antes. O objetivo desse pacto era claro: o raro conhecimento que reside naquele lugar precisa permanecer a salvo da avidez do homem contemporâneo.

Por isso, não posso revelar aqui os detalhes do caminho que percorri até a chegada ao templo, um percurso que, a partir do aeroporto, duraria mais de sete horas, somando uma extensa viagem de carro e um ainda mais longo caminho a pé.

Para chegar ao templo, foi preciso contratar um guia, uma vez que a maior parte dos 22 quilômetros de caminhada passava por trilhas no meio de uma vegetação semiárida. Tempo suficiente para ele me contar tudo sobre aquela região, uma cidade histórica que havia sido palco de grandes momentos marcantes da história mística da humanidade.

Grandes mestres da Cabala teriam sido iniciados naquele lugar. Uma fonte confiável me garantiu que Jesus Cristo também havia passado por aquela escola, em parte dos 17 anos de seu misterioso exílio.

Era um caminho desértico, com vegetação baixa, ainda mais tímida por conta da estação de frio que se iniciava. O cenário era belo, em especial pelo contraste da friagem do inverno com a força da vegetação que aprendera a sobreviver naquela adversidade.

Quase ao final da caminhada, pudemos avistar uma espécie de oásis, com um imponente lago. Não me lembro de ter visto paisagem semelhante. Nesse ponto, o guia me disse: "A partir daqui, você deve seguir sozinho. Vá contornando o lago e, ao final dele, haverá um atalho largo entre as árvores. Através dele você chegará ao templo."

Fazia frio e a solidão do deserto me deixava ligeiramente apreensivo. Mas agora não havia qualquer alternativa, exceto seguir adiante. Já estava anoitecendo quando cheguei a um imponente portão feito de madeira antiga e escura, sem qualquer letreiro, número ou indicação do que se tratava. Mas, de acordo com a instrução que me fora dada, ali era o templo de Rav Coah.

Toquei a campainha e, após uma razoável espera, fui recebido por um jovem com notável sorriso estampado em sua face e que chamava a atenção também por sua baixa estatura. Ele me saudou assim: "*Shalom!*"

Nos apresentamos e, para minha felicidade e alívio, Yacov falava inglês fluentemente, o que contrariava minhas previsões mais pessimistas. Eu estava realmente preocupado com a possibilidade de ter que me comunicar em hebraico, língua que eu estudara muito superficialmente quando criança.

Yacov era secretário e discípulo do mestre Coah. Tinha pele morena, cabelos negros e olhos misteriosos, aparentando ser bastante jovem, não mais que 30 anos. Ele me explicou a respeito das diversas regras daquele lugar. Também me alertou sobre um necessário período de adaptação, após o qual eu poderia iniciar o estudo que me levou a atravessar oceanos.

"Siga comigo, irei levá-lo ao setor reservado aos hóspedes." Yacov me encaminhou para uma área afastada, onde havia pequenas casas de madeira rústica, que pareciam estar sem uso há muito tempo. Levou-me à casa oito. Mais uma vez, estava eu diante desse número que vem me acompanhando desde a minha chegada ao mundo. Nasci no dia 8 de março, às 22:22, e desde esse dia o número 8 jamais se cansou de se apresentar a mim.

A casa ficava mais ao fundo, com uma bonita vista para o lago, e propiciava um belo espetáculo ao som do vento forte que castigava as pequenas árvores ao redor. O quarto era decorado com móveis antigos, que compunham um ambiente simples e aconchegante. Nele, havia duas camas de solteiro, uma mesa de cabeceira central, uma cortina alaranjada e nenhum artefato tecnológico.

Quando me deparei com a simplicidade do ambiente, senti uma ponta de tristeza atingir meu coração. Minha vida era diariamente preenchida com afazeres que envolviam horas de uso de computador, televisão, rádio, telefones. Como seria deitar e simplesmente estar em um quarto? Percebi que agora eu tinha um desafio adicional: o silêncio da noite.

Yacov me deixou ali, avisando sobre os horários dos rituais e das aulas no dia seguinte. Embora um pouco assustado, a longa viagem me deixara extenuado e tudo o que pude fazer foi tomar um banho, trocar de roupa e deitar.

# Lembrar de Si

Eu já estava acordado quando, às seis horas da manhã do dia seguinte, Yacov bateu à porta do meu quarto: "*Shalom*! Vamos iniciar o ritual da manhã. Queira me acompanhar."

"*Não sei como acreditam ser possível encontrar Deus no templo!*", pensei, enquanto mirava, pela janela, a aquarela de cores se formando pelo despertar do sol. Eu estava faminto e esperava ser convidado para o café da manhã. Até tentei, mas não consegui disfarçar a decepção estampada em meu rosto. Yacov percebeu minha reação e não conteve o riso:

— O senhor não gosta de rituais, certo?

— Na verdade, não é bem isso. É que sempre me senti entediado com os rituais a que assistia nas sinagogas. Sinceramente, nunca compreendi o porquê de rezar em uma língua diferente da minha, sem ao menos entender o que estava pronunciando — respondi.

— Este será, portanto, seu primeiro aprendizado aqui conosco. Um verdadeiro místico possui entendimento de tudo o que faz. Como dizia o grande mestre Rav Simeon Bar Yochai, não há conexão sem entendimento. Por isso, é importante que o senhor entenda o porquê de tantas práticas diárias.

Eu ouvia atento aquelas palavras, que reavivavam uma antiga sabedoria à qual tive acesso vinte anos antes, mas que parecia ter desaparecido diante de uma vida regada pelos desejos de conquista e poder: a lembrança de si.

Percebendo que eu começava a divagar em meus pensamentos, Yacov chamou minha atenção com um gesto repentino de suas mãos: "Lembrar-se de si é um valioso recurso do homem que deseja sair do mundo ilusório e despertar. Mas precisa ser experimentado. Por isso, nós precisamos de práticas diárias que nos permitam reconectar com nossa essência espiritual."

Partimos os dois em direção ao templo. A sala de rituais era toda envidraçada. Arrumada com três fileiras de seis cadeiras cada. À frente, havia um altar elevado, todo em mármore branco, com um livro de orações, uma Torá em versão original, de rolo, e um incensário que já queimava. Ao lado do altar, encontravam-se duas cadeiras maiores, no formato de trono. Imaginei que seriam para os oficiantes do ritual.

Às 6h30 pontualmente, chegaram os dois oficiantes, sentaram-se nas respectivas cadeiras e fizeram os cumprimentos. Pela indumentária que trajavam, percebi que os participantes eram todos iniciados. Eles vestiam uma espécie de cobertor de lã, com fios nas pontas, por cima de suas roupas.

O ritual durou cerca de trinta minutos e consistia, basicamente, na leitura de salmos, feita em inglês, algumas canções em hebraico e momentos de intensa meditação e silêncio. Para minha surpresa, acabei gostando do que havia presenciado. Ao final, me sentia confortado por um estado de paz único.

# Mestre Coah

Até aquele momento da minha vida, eu já tinha estudado bastante e me sentia realizado profissionalmente. Tornei-me coordenador do departamento de informática de uma conceituada universidade do Rio de Janeiro e havia escrito um livro utilizado por estudantes de todo o país. Colecionava vários diplomas, faixas, condecorações, mas de que vale tudo isso quando o fantasma da morte se apresenta?

Nem o tempo, nem a distância, nada me fazia esquecer a pergunta que me levara a viajar milhares de quilômetros após receber um inusitado aviso da vida: "Qual o sentido de uma existência que pode se esvair a qualquer instante?"

Essa questão tomava conta de meus pensamentos quando percebi se aproximar um homem alto, magro, com uma expressão séria, porém receptiva, e que me olhava diretamente nos olhos. Mesmo antes de se apresentar, não tive dúvida de que se tratava de Rav Coah, o mestre que iniciara meu mestre.

Ao cruzarmos nossos olhares, uma repentina emoção tomou conta de mim. Sem que eu falasse uma única palavra, ele disse: "Vejo aqui um caminhante em busca de uma resposta. Mas, antes de partirmos em busca dela, preciso perguntar-lhe: está pronto para remover os excessos e apegos que lhe impedem de ver a realidade?"

Jamais fora apresentado a alguém dessa forma. Imaginava que ele fosse se anunciar, dizer quem era, o que fazia, perguntar sobre mim. Mas não. Ele chegou logo lendo meus pensamentos. Fiquei boquiaberto diante de um mestre que atingia de forma tão direta os pontos mais importantes, sem rodeios.

Eu não sabia ainda a intensidade de tudo o que estaria envolvido nessa busca. Ainda assim, num impulso, respondi: "Estou disposto a pagar o preço, seja ele qual for, porque tudo o que conquistei em minha vida é obra do perecível e pode se perder a qualquer instante. Se esta caminhada me der algo que permaneça, ela terá sido mais importante do que todo o resto."

O mestre sorriu e replicou: "Talvez você ainda não tenha ideia exata do preço ao qual estou me referindo. Em todo caso, seu desejo e sua dedicação são dignos de admiração e, como não temos tempo a perder, vamos tratar de remover essas cortinas."

# Transformação

Coah me explicou que os ensinamentos que ele me transmitiria eram milenares, remanescentes de uma sabedoria original. Eles traziam as maiores respostas e poderiam transformar todo o rumo da humanidade, se assim o homem quisesse. Ele disse: "Recebi todo esse ensinamento do meu mestre, que recebeu por sua vez de seu mestre, e assim por diante. Nossa escola foi fundada há milhares de anos. Por ela passaram mestres notórios de diversas tradições. Esses ensinamentos são a porta de entrada para um mundo repleto de graça e amor. Por meio deles, as respostas poderão ser encontradas."

A partir de então, em uma sucessão de encontros marcantes com o mestre Coah, eu pude estudar e testemunhar fatos indescritíveis. A mim foi exigido um voto de segredo em relação a nomes, localização ou qualquer outra informação que pudesse tornar aquela escola vulnerável aos ataques do mundo moderno.

Nos capítulos a seguir, compartilho o aprendizado que tive sobre uma magnífica realidade, dentro e fora do templo, na busca de uma pergunta que parecia, aparentemente, impossível de ser respondida.

O aprendizado foi todo baseado no estudo da árvore da vida, um ensinamento milenar da Cabala. Havia uma linda gravura da árvore em uma parede da sala central do templo.

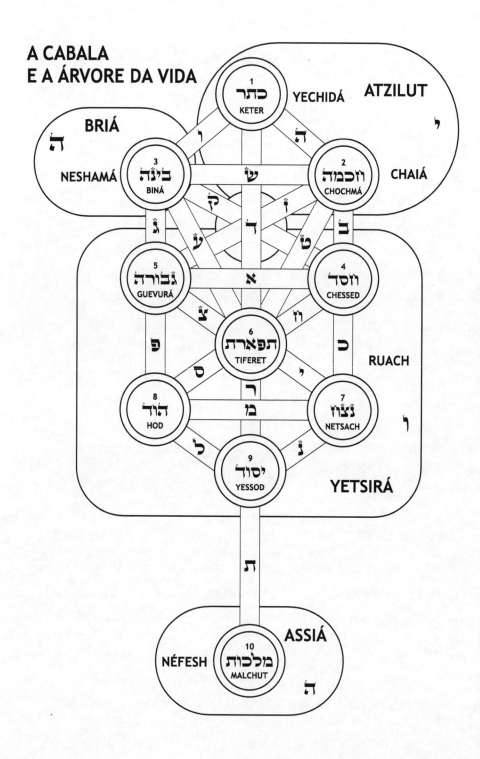

Curioso sobre o significado dos dez círculos que compunham a árvore, indaguei ao mestre, que me respondeu:

"Tudo o que existe é manifestação da Luz. Através do caminho pelo qual ela se propaga, desde seu ponto inicial até chegar à nossa percepção neste mundo físico, existem cortinas. Estes dez círculos que você observa na gravura da árvore fazem referência a estas cortinas, que, segundo a Cabala, são dez. Encobertos por elas, deixamos de perceber a maior parte da realidade. O mundo físico, dos 10% aparentes, no qual vivemos se encontra após a décima cortina, e é, portanto, onde se tem menor visão da totalidade. Por ficar delimitado por uma cortina, passamos a achar que ele é tudo o que existe."

E prosseguiu:

"Quando passamos a enxergar o mundo dos 100%, nossa visão se amplia em dez vezes. Torna-se possível entender a profunda dinâmica relacionada a tudo aquilo que se apresenta em nosso caminho. Trata-se de uma visão magnífica, que traz um significado todo especial à experiência da vida."

Rav Coah denominava a experiência que permite acesso às dez dimensões como: o ingresso no mundo dos 100%.

# Capítulo 1

# A ESCOLHA
## {MALCHUT}

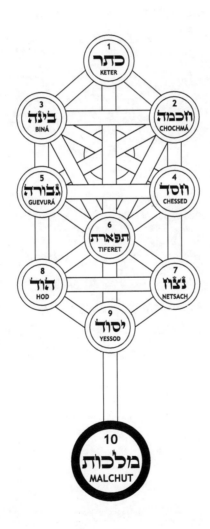

# Uma História de Gurdjieff

Havia um riquíssimo mago que tinha numerosos rebanhos de carneiros. Ele era muito avarento. Não empregava pastores, nem construía cercas em volta dos pastos. Os carneiros fugiam da aproximação do mago, sabendo que ele pretendia lhes tirar a pele e a carne.

Um dia, o mago encontrou uma solução. Utilizando-se de sua magia, hipnotizou os carneiros e lhes anunciou que eram imortais e que o fato de serem esfolados não podia lhes causar mal algum. Ao contrário, seria excelente para eles. Em seguida, lhes disse que era um bom pastor, que gostava do rebanho e que nada aconteceria a eles.

Por fim, o mago convenceu os carneiros de que eles não eram carneiros. A alguns, sugeriu que eram leões; a outros, que eram águias; e a outros, que eram homens ou magos. Depois disso, os carneiros não lhe causaram mais aborrecimentos. Pararam de fugir e aguardavam com serenidade o instante em que o mago iria tosquiá-los ou degolá-los.

# Mundo Físico

A morte nos assusta. Tanto a nossa quanto a das pessoas que amamos. Entretanto, medo maior deveríamos ter da morte de cada momento, quando a vida está oferecendo a oportunidade de existirmos, amarmos, aprendermos, mas, como as ovelhas do rebanho, nos esquecemos disso.

Rav Coah adorava ensinar através de parábolas. A história do mago que degolava ovelhas fala de uma situação comum à maioria dos homens. Hipnotizados, dedicam suas vidas às conquistas materiais, sem perceber que estão aqui de passagem. Quando se aproxima o momento de deixar o mundo físico vem o arrependimento por uma vida carente de um significado maior, sem escolha, como um carneiro no rebanho.

A parábola é repleta de significados. Foi através dela que fui iniciado no estudo da árvore da vida e em sua primeira dimensão. Cada dimensão é referenciada por um nome em hebraico. No caso desta, *Malchut*, o mundo físico, que fala sobre a grande oportunidade que é viver. Mas, para isso, precisamos escolher pela vida, estar presentes. Presença e escolha são dois temas essenciais.

**Presença**, porque, quando dominados pelos pensamentos incessantes, não conseguimos escolher com lucidez e as dúvidas logo tomam conta: "Vou por esse caminho ou por aquele?" "Por um lado vale a pena, pelo outro não vale..." Isso só é possível quando encontramos nosso centro, em contato com o presente.

As pessoas se deslumbram com as experiências paranormais, mas o verdadeiro caminho místico começa com a percepção do que está mais perto de nós: o ar que respiramos, as pessoas que estão a nossa frente e tantos outros aspectos da vida que acontecem aqui e agora. Essa é a porta de entrada para os mundos ditos invisíveis.

**Escolha**, porque cada dimensão da árvore da vida é acessada através de uma palavra-chave. No caso de *Malchut*, a primeira percebida, esta é a sua chave. Aprender a utilizá-la significa perceber o quanto cada escolha, por menor que seja, significa uma nova semente que, mais cedo ou mais tarde, vai gerar frutos.

No fundo, sempre tive dúvidas se escolhemos mesmo o percurso de nossa vida ou se, na verdade, essas escolhas já estavam preestabelecidas, como se estivéssemos apenas cumprindo um roteiro já determinado para cada um de nós. Foi o que perguntei a Rav Coah, que me respondeu:

"Quando falamos de escolhas, pensamos em temas relevantes como moradia, casamento, um rumo profissional... Mas as menores escolhas são igualmente importantes e a decisão primordial é sempre a mesma: estar presente ou ausente, guiado pelo egoísmo ou pelos bons sentimentos. Enfim, escolher pela sombra ou pela luz."

Colocado dessa forma, parecia óbvio. Mas pode se tornar nebuloso em determinadas situações. Ou será que as pessoas escolhem a doença, a injustiça ou mesmo a morte? Essa pergunta foi feita a mim anos após ter sido iniciado pelas mãos desse mestre único, quando recebi uma pessoa que precisava muito de ajuda.

# Prisão

Gerônimo era o nome dele. Aos 42 anos, estava mergulhado em intensa depressão. Não tinha vontade de sair de casa, vivia dopado por remédios tarja preta, caminhava como um morto-vivo, deixando parentes e amigos muito preocupados. Já haviam tentado psiquiatras, tratamentos de todo tipo, mas nada parecia fazer efeito. E o que o levou a ficar dessa forma?

Tudo começou em um lindo dia de inverno. O céu azulado lhe trazia ainda mais ânimo para acordar cedo, disposto a refazer sua vida. Ele já havia planejado tudo: assumiria toda a dívida atrasada da pensão que pagava à ex-esposa, pediria um parcelamento coerente e, com um novo emprego, poderia começar uma vida melhor.

Pela manhã, desembarcou na estação do metrô e se dirigiu a passos largos ao fórum judiciário. A juíza abriu a audiência perguntando a ambas as partes se iriam estabelecer algum tipo de acordo. Prontamente, pediu a palavra, dizendo que gostaria de assumir a dívida inteira, sem qualquer desconto, mas que precisaria parcelar em um ou dois anos o débito total de R$ 24 mil.

A advogada da ex-esposa consultou sua cliente, que não aceitou qualquer acordo. Ela exigia o pagamento do montante à vista. Gerônimo alegou que isso seria impossível, já que não tinha de onde tirar recursos. A juíza então informou à ex-esposa que, se ela quisesse, seria dada voz de prisão a ele. Marli gritou: "A melhor coisa que podia me acontecer hoje seria ver esse maldito na cadeia!"

A juíza imediatamente decretou sua prisão. Os policiais foram chamados, algemaram Gerônimo e o levaram para uma pequena cela de espera, até que ele pudesse ser transportado para a delegacia mais próxima. E isso aconteceu em companhia de dois outros detidos, muito mais jovens: um acusado de sequestro e o outro, de tráfico de drogas.

Quando chegou à prisão, Gerônimo foi levado para uma sala de vistoria, onde esperou em pé por mais de duas horas. Quando o responsável pela revista chegou, lhe deu um tapa na cabeça e apalpou todo o seu corpo, procurando por objetos escondidos. Até mesmo boca e ânus foram vasculhados. Terminada a revista, Gerônimo atravessou diversas portas de aço e foi deixado em um corredor, do lado de fora das celas. Por causa da superlotação do presídio, os presos por pensão alimentícia — ou "pás", como eram apelidados — ficavam nos corredores.

Ele se sentou no chão sujo e baixou a cabeça, em sinal de desespero. Inúmeras perguntas martelavam sua mente: "Quando vão me tirar daqui?", "Como será dormir em um lugar como esse?", "Que Deus é esse que me empurra para o fundo do poço exatamente quando estou mais disposto a me reabilitar?"

Gerônimo viveu fatos inacreditáveis nas três noites em que esteve naquele hospício, ou "máquina de criar gente ruim, porque mesmo um inocente, quando se mistura a mais de cem marginais, quase sempre acaba deixando de ser inocente", dizia ele.

Ele me contou detalhes obscuros de um lugar que mais parecia uma bomba, já com o pavio aceso, pronta para explodir a qualquer momento. O barulho era ensurdecedor. Cada cela, projetada para 16 homens, abrigava 160. E os "pás" no corredor... Do lado de dentro da grade, os presos entoavam hinos como "olá, olá, vamos matar o 'pá'".

Gerônimo viu uma briga de grandes proporções e descobriu que os causadores do tumulto foram para o "porcão", uma cela totalmente fechada, sem luz e sem lugar para deitar, nem ao menos para se agachar. E o pior é que essa cela era tão cheia que havia fila para entrar nela. Era preciso esperar alguém sair para entrar outro preso.

Eram detalhes sórdidos de um lugar que eu desconhecia. Ele me disse que era preciso evacuar e tomar banho ao mesmo tempo, pois a fila para o único banheiro tinha cerca de 2 mil pessoas. Era ainda pior do que uma penitenciária convencional, já que não havia sequer banho de sol. E lá existiam pessoas aguardando julgamento havia dois anos.

O café da manhã só chegava à tarde, junto com o almoço, e a comida, intragável, obrigava quem não tinha dinheiro a passar fome. Esse era o caso de um outro "pá" com quem ele fez amizade. Franzino, o pequeno homem trabalhava como catador de latinhas e vivia na favela do Pavãozinho, em Copacabana.

Cinco anos após ter sido abandonado pela mulher, que fugiu com um amante, ele foi surpreendido pela presença de dois policiais em sua casa, que lhe deram voz de prisão. Ao chegar à delegacia, descobriu que sua ex-mulher havia entrado na Justiça pedindo pensão alimentícia atrasada por todo o tempo em que estiveram separados. Como não tinham seu endereço, ele jamais havia recebido uma notificação para comparecer às audiências. Encontrado pelos policiais, foi jogado na prisão, com a roupa do corpo e com míseros dez reais no bolso.

Gerônimo me disse que passou a maior parte dos dias, em que ali esteve, procurando oferecer algum conforto aos companheiros mais próximos. Como um mendigo, ele dormia no chão duro e sujo. Uma visão real do inferno.

Então, finalmente, sua advogada conseguiu libertá-lo, mas ele saiu de lá não só traumatizado, como também culpado. Ele se lembrava de gente, como o catador de latinhas, que devia muito menos do que ele, mas, por não ter condições financeiras, ficaria ainda muitos dias naquele inferno, passando fome e todo tipo de necessidades. Seu corpo saíra da prisão, mas sua alma ainda estava presa à escuridão daquele lugar.

A experiência de Gerônimo é repleta de ensinamentos. Trata-se de uma situação absurda, entre tantas outras que caracterizam a insanidade humana em nosso planeta. Ela nos obriga a perguntar se somos nós realmente que escolhemos tudo em nossa vida.

"Se fosse, como alguém escolheria passar um único dia em um inferno como aquele?", perguntei a Coah. Ele explicou que, conscientemente ou não, a alma escolhe passar por determinadas experiências, necessárias à sua evolução:

"A libertação do mundo ilusório significa compreender isso plenamente e parar de atribuir nossos problemas à fatalidade. O mundo físico em que habitamos é repleto de provações, sempre foi assim. Como um bom aluno que precisa ser testado para se aprimorar em seus estudos, também estamos sendo sempre desafiados." — disse o mestre. Em seguida, complementou:

"Diante de cada desafio há a escolha pela sombra ou pela luz.

Seja em uma experiência esdrúxula como a de Gerônimo, seja em férias no Caribe, as dificuldades vão surgir e com elas a oportunidade de escolher pela luz."

Mas não é por acaso que existem locais como esse. A prisão de Gerônimo é um estereótipo da prisão maior, onde vive a maioria. Lembro-me de que, quando pedi que ele refletisse sobre como era sua vida antes de entrar ali, se era uma pessoa feliz, realizada e livre, ele me respondeu:

"A felicidade é uma palavra fora de meu vocabulário há tempos."

Sua vida estava tomada de negatividade, como a de tantas outras pessoas que, mesmo fora das prisões físicas, carregam a prisão maior: aquela criada pela mente escrava. Entretanto, o que manteve Gerônimo ainda dentro de um padrão de sanidade em seus dias de prisão foi o fato de ele ter ajudado seus companheiros. Dividiu o pouco dinheiro que tinha para que outros também pudessem se alimentar. Foi a saída que ele encontrou, e esta parece ser sempre a melhor escolha: compartilhar.

# Primeira Palavra-chave: Escolha

Em algum momento durante o diálogo com Rav Coach, comecei a observar a sala e tudo ao meu redor de maneira mais atenta. A atmosfera do lugar era diferente de tudo o que eu já vira. A sala, decorada de forma discreta, com pequenos móveis de palha, uma estante com vários andares repletos de livros antigos e também com algumas gravuras de mestres espirituais estampadas na parede.

Quanto mais eu olhava em volta, mais tinha a sensação de que o que tornava aquele templo um lugar tão especial e único não era nada físico, mas uma espécie de substância espiritual, que eu podia sentir a cada respiração.

O mestre me fitava de forma profunda, mas com doçura nos olhos. Seu rosto era iluminado por uma simpatia constante. Às vezes ele silenciava, sem qualquer motivo aparente, por um, dois, três minutos, até que voltava a falar:

"A primeira palavra-chave traz o segredo da libertação desse mundo aprisionador dos 10%. Ela nos lembra que a cada momento há uma escolha: viver movido pela mente desconectada ou guiado pelo coração, em harmonia com o fluxo da vida. E, nesse caso, mesmo uma experiência aparentemente terrível pode ser valiosa."

Pura verdade. Lembro-me de que anos depois reencontrei uma amiga de infância, que também havia passado por uma experiência semelhante à de Gerônimo. Ela era advogada, tinha direito à prisão especial, e ali permaneceu por meses, com toda sorte de privilégios, mas entediada.

Um dia, por espontânea vontade, pediu que fosse transferida para uma penitenciária comum, em cela coletiva, repleta de perigos. E por que ela fez isso? Para poder interagir: deu aulas de inglês e de música, ajudou outras presas a se tornarem pessoas melhores e, com isso, disse ter atingido grandes transformações interiores.

Quando terminou sua pena, pela primeira vez na vida compreendeu o que era ser livre: "Só nos tornamos livres quando deixamos o egocentrismo e passamos a nos ocupar mais, compartilhando com os outros. Isso faz um bem enorme, traz alegria e felicidade, independentemente de profissão, *status* social e todos os outros rótulos que nos são dados pelo sistema" — disse-me ela.

O que minha amiga descobriu, a maioria de nós já sabe. O grande problema é que a mente sempre tenta puxar para o padrão escravo, utilizando conhecidos argumentos como segurança, medo, sobrevivência. Daí a importância de nos lembrarmos de nós. Isso precisa se tornar um mantra. Lembrar que a vida, neste mundo físico, pode se esvair a qualquer minuto. Isso é um fato! Não é imaginário. Então, já que a temos agora, por que não vivê-la intensamente?

É sobre isso que fala a parábola das ovelhas: preocupadas com elas próprias, sem conhecer a liberdade, vivem em função da promessa de uma segurança imaginária que, mais cedo ou mais tarde, partirá. Trata-se de uma situação comum a todos nós, uma condição prisioneira.

Coah dizia que, se estamos sozinhos, é muito difícil atingir essa libertação. Mas se trabalhamos em conjunto, guiados por alguém que já conseguiu se libertar, isso se torna possível. E, nesse caso, a lembrança de si é um exercício fundamental. Ele citou exemplos práticos, chamando a minha atenção: "Olhe para fora agora e veja a paisagem diante de nossos olhos, o ar puro que respiramos, um gato em cima daquela pequena árvore..."

Eu não havia notado a formosa árvore, muito menos o lindo gato preto que dormia em cima de um de seus troncos. O mestre parecia ter uma percepção muito mais profunda do que ele chamava de "agora".

Por um breve momento, compreendi o que era estar no agora. Pude sentir a leve brisa do vento que entrava pelas frestas das janelas entreabertas, a sinfonia composta pelas diferentes espécies de pássaros que cantavam no bosque e a troca de energia entre nós dois, que nunca tínhamos nos encontrado e, ainda assim, desfrutávamos de uma espécie rara de contato.

Descobri que o problema consistia em manter a atenção em mim, sem deixar enfraquecer a atenção dirigida para o fenômeno observado. O exercício da lembrança realizado dessa forma nada tinha em comum com uma autoanálise. Tratava-se de um estado novo e cativante.

Enquanto falava, Coah gesticulava sempre de forma expressiva, o que trazia meu foco para uma pulseira vermelha muito fina que ele tinha amarrada no punho esquerdo. Perguntei sobre ela e o mestre me respondeu que aquela era a lã de Rachel, uma poderosa ferramenta consagrada uma vez ao ano, no dia de falecimento dessa matriarca bíblica.

Ele explicou que quando grandes justos se vão deste mundo — assim como Rachel — deixam um imenso rastro de luz para a humanidade, diferentemente das pessoas "normais", que partem com medo e apreensão.

Depois, descobri que todos no templo tinham a lã vermelha amarrada no punho do braço esquerdo, e que ela era colocada junto com uma bênção específica, para criar um campo energético de proteção espiritual: "Evita o olhar negativo, afasta o controle das forças inferiores, cria um escudo de proteção, mas faz tudo isso, acima de tudo, por invocar em nós a lembrança de quem realmente somos", disse-me Coah.

Percebendo em meus olhos a imensa vontade de receber algo assim, ele se antecipou a uma iminente pergunta, explicando que a lã de Rachel só era colocada em discípulos iniciados e que eu saberia a hora de recebê-la.

Ao final de nosso primeiro encontro, ele fez uma prece, em uma língua estranha que parecia hebraico ou aramaico, e depois gritou com força: "RÁ!"

Em seguida, me explicou que o "RÁ" é uma poderosa meditação para entrarmos no presente e para trazer a lembrança de si. Assim, começa-se a romper com os antigos limites do mundo dos 10%.

Apesar de tantos ensinamentos esclarecedores, a pergunta que me levara a cruzar oceanos e interromper o fluxo mecânico de minha existência ainda parecia estar longe de ser respondida: "Qual o sentido de uma vida que se esvai a qualquer instante?" Um grave problema de saúde havia trazido a lembrança de minha vulnerabilidade neste mundo, ao saber que, sem qualquer prenúncio, não apenas eu, mas também pessoas muito amadas poderiam deixá-lo.

Essa resposta eu ainda não tinha. Mas naquele momento percebi que havia uma morte que podemos vencer, a cada nova respiração, quando escolhemos a vida!

# Capítulo 2

# O PROPÓSITO
{YESSOD}

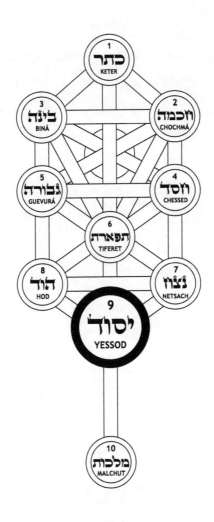

# Sobre o Céu e o Inferno

Havia um grande guerreiro, que nunca perdera uma única luta. Pensando em se aposentar, ele ficou obstinado com a ideia de descobrir onde estariam céu e inferno. Procurou a resposta por muitos lugares, até que lhe indicaram um mestre.

Por muitos dias e noites, ele atravessou o deserto, arriscando a sua vida ao se deparar com ferozes predadores, abruptas variações climáticas e alimentação precária. Finalmente, encontrou a pequena caverna na longínqua montanha onde o mestre habitava naquela época. E então se dirigiu a ele:

— Mestre, vim de muito longe. Quero apenas que me dê uma resposta: Onde está o céu e onde está o inferno?

O mestre continuou em meditação, ignorando-o. Ele, já um pouco impaciente, tornou a perguntar:

— Grande mestre, arrisquei minha vida vindo até aqui. Por favor, apenas me responda: Onde está o céu e onde está o inferno?

O mestre não demonstrou qualquer sinal de interesse. E o grande guerreiro, agora já muito impaciente, gritou:

— Mestre, não me faça perder a paciência. Sou um grande samurai e exijo agora que responda à minha pergunta: Onde está o céu e onde está o inferno?

*O mestre, nesse momento, se dirigiu a ele:*

*— Estou meditando e não estou com vontade de lhe responder isso.*

*O guerreiro se deixou dominar por um grande sentimento de ódio e desembainhou sua espada. Partiu com a arma em direção ao mestre e, quando estava pronto para desferir o golpe, o mestre gritou:*

*— Pare. Aí está o inferno!*

*Instantaneamente, o guerreiro foi tomado por um momento de grande compreensão e caiu de joelhos, aos prantos. O mestre se dirigiu a ele de novo, agora suavemente:*

*— Aí está o céu!*

# Além da Percepção Comum

Durante o entardecer e toda a noite, até o amanhecer do dia seguinte, procurei, de acordo com a orientação do mestre, me manter em estado desperto. Porém, desde as primeiras tentativas, pude ver como era difícil.

A prática da lembrança de si não me trouxe, no início, resultado algum, mostrando que, de fato, quase nunca estamos presentes, realmente vivos, sem a interferência dos inúmeros pensamentos que nos retiram a conexão.

Ainda assim, quando possível, o contato puro e direto com o momento presente trazia sensações maravilhosas: a presença das árvores, cada objeto, o canto de cigarras, o vento frio, tudo isso, percebido desta forma, trazia sensações reconfortantes, difíceis de serem traduzidas em palavras.

Algumas vezes, essa lembrança fracassava. Os pensamentos vinham de forma desordenada, intermitente, e pude observar o quanto havia baixado o padrão de minha energia interior. Quando me dava conta disso e, mesmo que por alguns segundos, voltava a me conectar com o presente, a sensação do despertar era extraordinariamente viva. Era como se eu retornasse à vida.

No dia seguinte, após o café da manhã, novamente fui chamado ao encontro de Coah. Dispensei especial atenção aos trajes do mestre, todos na cor laranja. Imaginei que isso tivesse um significado, mas não me senti à vontade para perguntar. Dessa vez, Yacov também estava junto a nós.

Comentei com ambos sobre as maravilhas e dificuldades envolvidas com o exercício da presença no agora. Coah retrucou: "Escolher pela vida e focar no presente. Se fôssemos movidos somente por nossas inclinações positivas, nada mais seria necessário para uma vida repleta de felicidade. Naturalmente poderíamos seguir o caminho pelos outros 90% da árvore da vida, e as respostas às maiores perguntas teriam prazer em se apresentar a nós. Mas o ser humano é movido por diversas forças desconhecidas dele próprio."

Ele, então, fez uma explanação sobre a segunda dimensão da árvore da vida, *Yessod*, porta de acesso ao mundo dos 100%. Falou sobre uma série de temas do sobrenatural quando, em dado momento, me perguntou se eu acreditava em questões desta ordem. Respondi que sim, de forma receosa, e Coah replicou:

"Seu mestre Nerruniá está bem aqui, dizendo que você não deveria abandonar sua arte marcial agora que está prestes a completar um caminho de tanta dedicação. Ele diz ainda que a faixa preta lhe será especialmente útil para novos caminhos que surgirão em sua vida e que você ainda tem o que fazer neste mundo. O que me diz disso?"

Fiquei atônito ao ouvir aquelas palavras! Meu coração palpitava! Não havia mencionado que praticava jiu-jítsu para qualquer pessoa daquele templo, muito menos que tinha recebido uma proibição médica de continuar a lutar, quando estava tão perto da tão sonhada faixa preta. Compreendendo que a emoção tomava conta de mim, o mestre se adiantou:

"Não se surpreenda tanto. Inúmeras experiências místicas acontecem, todos os dias, em quantidade abundante em nosso mundo. Mas poucos são os que veem, uma vez que essa realidade só está disponível aos que buscam conhecer o mundo dos mistérios. Você já ouviu falar no notável pedagogo e escritor francês Léon Hippolyte Denizard Rivail?"

Ele prosseguiu relatando a vida desse homem que viveu no século XIX e foi um cientista, ferrenho pesquisador e erudito em diversas áreas, como a química e a matemática. Já em idade avançada, foi surpreendido ao testemunhar as mesas girantes, como eram conhecidos os móveis que saltavam e corriam em sessões espíritas, às vezes ao mesmo tempo em que aconteciam psicografias.

Diante disso, se envolveu cada vez mais com esse tipo de fenômeno, até escrever um texto marcante intitulado *O Livro dos Espíritos*, sob o pseudônimo de Allan Kardec. Ele foi um mestre desta dimensão invisível, que fala do inconsciente e de tantas coisas que não vemos com nossos olhos, mas que influenciam significativamente nossa vida.

Muitos são os que se dizem céticos, que não acreditam em nada além da matéria, mas, conforme fui me envolvendo com o tema, descobri o quanto ele é real e influencia a vida humana.

# Comunicação com Forças Invisíveis

Percebendo o quanto eu era reticente com o tema, Yacov, que era americano de nascença, contou sobre um episódio místico bastante difundido em seu país. O caso notável aconteceu com a família Fox, que, no ano de 1848, alugou uma humilde casa no vilarejo de Hydesville, em Nova York.

Após alguns meses habitando a casa, duas filhas do casal Fox, na época com 7 e 11 anos, começaram a protagonizar uma comunicação com energias espirituais que se faziam presentes por meio do ruído de batidas nas paredes e no chão da casa. Esses sons poderiam ser perfeitamente confundidos com barulhos naturais produzidos por vento, estalos de madeira etc. Mas passaram a crescer em intensidade, deixando as meninas muito assustadas.

Numa noite no final de março, desencadeou-se uma série de sons muito fortes. Foi quando a caçula, Kate Fox, em sua espontaneidade de criança, teve a audácia de desafiar a "força invisível" a repetir, com os golpes, as palmas que ela batia com as mãos. A resposta foi imediata: a cada palma, um golpe era ouvido logo a seguir!

A mãe, Margareth Fox, registrou, em depoimento, tudo o que se passou naquela noite. Ela contou que as meninas ouviram as batidas e procuraram fazer ruídos semelhantes, estalando os dedos.

Kate disse, batendo palmas: "Senhor Pé Rachado, faça o que eu faço." Imediatamente, se seguiu o som, com o mesmo número de palmas. Quando ela parou, o som parou também. Depois, foi a vez de Margareth dizer, brincando: "Agora faça exatamente como eu: conte um, dois, três, quatro." E bateu palmas. Então, os ruídos se produziram como antes.

Em seguida, a mãe pensou em fazer um teste a que ninguém seria capaz de responder. Pediu que fossem indicadas as idades de seus filhos, sucessivamente. No mesmo instante, foi dada a exata idade de cada um, com uma pausa de um para outro, até o sétimo. Depois, houve uma pausa maior e três batidas mais fortes, correspondendo à idade do menor, que havia morrido.

Em seguida, Margareth perguntou se era um ser humano que respondia tão corretamente. Não houve resposta. Outra pergunta foi feita: era um espírito? Uma batida foi ouvida. Então ela disse: "Se for um espírito assassinado, dê duas batidas." Essas foram dadas instantaneamente, produzindo um tremor na casa. A mãe então perguntou se havia sido assassinado naquela casa. E a resposta foi como a anterior. "A pessoa que o assassinou ainda vive?" Resposta idêntica, por duas batidas.

Pelo mesmo processo, Margareth descobriu que os despojos daquele espírito estariam enterrados na adega. A família dele era constituída por esposa e cinco filhos, dois rapazes e três meninas, todos vivos ao tempo de sua morte, mas, depois, sua esposa morreu. E ela perguntou: "Você continuará a bater se chamarmos os vizinhos para que também escutem?" A resposta afirmativa foi alta.

Desse modo, foram chamados vários vizinhos. E esses, por sua vez, chamaram outros. O mesmo foi acontecendo nos dias seguintes, a ponto de mais de trezentas pessoas terem testemunhado aquele fenômeno. As batidas não cessaram e, com o passar do tempo, a casa passou a ser considerada mal-assombrada.

Dedicados a descobrir a razão de tudo aquilo, familiares e alguns vizinhos conseguiram associar o número de batidas às letras do alfabeto. Assim, receberam uma precisa mensagem do espírito que ali se apresentava, dizendo ter sido assassinado cinco anos antes por um antigo inquilino daquela casa e que seu corpo estava enterrado na adega. O espírito se apresentou com o nome de Charles Rosma.

Dias depois, começaram as escavações, que não levaram a resultados definitivos. Encontraram apenas carvão, cal, cabelos e alguns fragmentos de ossos. Mais nada! Por essa razão, foram suspensas. As provas do crime eram precárias e insuficientes.

Yacov parecia inteiramente concentrado enquanto relatava a história. Quando eu falava, seus olhos me olhavam fixamente, mostrando interesse e foco absoluto no assunto. Jamais tomava a palavra sem que eu tivesse concluído minha fala. Percebi que ele aprendera, de fato, a viver no presente.

Ele prosseguiu contando que 56 anos mais tarde, em 23 de novembro de 1904, o *Boston Journal* notificou a descoberta do esqueleto do homem cujo espírito se supunha ter ocasionado os fenômenos na casa da família Fox.

Meninos de uma escola estavam brincando na adega da casa, que continuava com a fama de mal-assombrada. Em meio aos escombros de uma parede, talvez falsa, eles encontraram os ossos de um esqueleto humano. Depois disso, ninguém mais duvidou da origem das informações, obtidas em 1848, a respeito de tudo o que ocorrera naquela casa.

Yacov concluiu, afirmando: "Esse episódio é um notável caso de transcomunicação, raro por ter sido testemunhado por centenas de pessoas, embora fenômenos mágicos de intensidade semelhante aconteçam a todo instante no mundo. Mas, como a mente tem medo do desconhecido, as pessoas, em geral, se deparam com fenômenos inexplicáveis e depois se esquecem de tudo, passando a viver como se nada tivesse acontecido."

Rav Coah estampava um sorriso no rosto, expressando sua satisfação por formar discípulos com tamanho grau de conhecimento. Logo em seguida transformou sua expressão, falando de forma incisiva:

"Do ponto de vista do homem comum, o território do não-manifesto é pura fantasia ou, no máximo, um carregado mistério além de seu alcance. Não podemos desmenti-lo, porque, para o homem desprovido de refinamento, não há energia para lidar com tais forças."

# Mundos Invisíveis

Eu nunca havia pensado dessa forma, mas é uma questão matemática. Os seres humanos possuem uma quantidade finita de energia, que é sistematicamente desdobrada, começando no momento do nascimento, de modo que pode ser usada de forma mais vantajosa, ou não, conforme o tempo passa.

Se direciono todas as minhas forças para as questões mundanas do dia a dia, não me sobra energia para conhecer os terrenos invisíveis. Isso explica por que os povos antigos possuíam um conhecimento muito mais profundo do tema, já que a vida tinha bem menos distrações.

Coah me fez entender que a magia é um estado de consciência, o qual, uma vez acessado, torna possível a percepção de algo que a compreensão comum não consegue atingir. Trata-se de uma habilidade relacionada ao uso de campos magnéticos que não são empregados para perceber o mundo normal que conhecemos.

Portanto, descobri que para acessar tais mundos eu não precisava aprender exatamente sobre a arte da magia, ainda que algumas técnicas sejam relevantes, mas, essencialmente, a arte de poupar energia.

Referindo-se a episódios como o da família Fox, o mestre comentou sobre a forma pela qual as energias ocultas atuam em nosso mundo. Dedicou especial atenção ao tema dos espíritos obsessores: "Seres que, quando encarnados, praticaram atos maldosos, conduzidos por diversas formas de negatividade. Em um planeta regido pela força da gravidade, eles se apegaram à superfície terrestre, onde vivem em dimensões sombrias. Qualquer um que abra essas portas pode se tornar vulnerável."

Explicou que essas presenças podem invadir o homem em diversos níveis, que vão desde uma simples influência mental até mesmo a uma espécie de "ataque", fenômeno conhecido como acoplagem. E concluiu:

"São vampiros energéticos que estão em busca de padrões de energia que possam lembrar seus antigos vícios neste planeta. Por esse motivo, atuam mais facilmente em pessoas tomadas por apego excessivo à matéria, vaidade e busca incessante de satisfação."

Os temas envolvidos na dimensão de Yessod me assustavam. Perguntei como poderíamos nos proteger. Coah esboçou um sorriso, não parecendo nada preocupado com esses ataques.

Em seguida, explicou-me que tais energias entram pelas portas que nós mesmos abrimos. Ao nível do corpo, se abrem pela ingestão em excesso de substâncias prejudiciais ao organismo, como o álcool, o fumo, os remédios, as drogas psicotrópicas e também o sexo.

"Sexo? Mas por que o sexo é sempre tão condenado?", retruquei.

Coah não respondeu. Silenciou por um bom tempo, o que me causou certo constrangimento. Percebi que havia feito a pergunta de forma reativa, sem nem ao menos dar o tempo necessário para ele elaborar a questão.

Percebi que, naquele instante, havia perdido o estado de presença: lembrar de si. O mestre pareceu ter percebido tudo o que se passava, porque somente quando retornei a mim ele voltou a falar: "O desejo sexual mal conduzido abre portas para essas energias. Isso explica o porquê de tantas pessoas se tornarem reféns de obsessões e compulsões ligadas ao sexo."

Ele então abordou o sexo de forma ampla, como nunca eu havia ouvido em minha vida, ainda mais se tratando de um mestre espiritual.

# Sexo

"Nesta dimensão, o sexo é um tema central, ainda que dentro da espiritualidade não se costume falar muito sobre ele. Afinal, basta uma palavra fora do lugar para que a condenação venha imediatamente. Foram muitos séculos de exploração, corrupção e tantas idéias pervertidas que ficaram associadas a essa palavra. Por isso ela se tornou tão carregada. Porém, como ignorar um tema que move a humanidade não apenas no sentido da procriação, mas também como força propulsora do inconsciente?", perguntou-me Coach.

Naquele dia, eu tive acesso a informações inusitadas sobre a sexualidade dentro da sabedoria da Cabala. Ele me explicou que a energia sexual, por ser a primeira, é também uma grande semente. Comentou duas formas de se trabalhar essa energia: o sexo guiado de forma comum, puramente instintivo, e o sexo para o encontro espiritual.

A primeira é utilizada para aliviar uma carga, como acontece quando você espirra. A energia é colocada para fora e, por isso, é seguida de um breve alívio. Não há nada de errado nisso, exceto se esta for a única possibilidade que você conheça. É o orgasmo comum, que se dá no pico da energia corporal. Uma vez atingido, é seguido por uma inevitável queda de energia. Pode, na melhor das hipóteses, trazer alívio e relaxamento passageiro. Isso se a mente não estiver oprimida pela culpa, normalmente incutida pelos padrões religiosos, porque, se for assim, nem isso será possível: o pico será seguido de depressão e a energia será perdida.

Já a segunda é diametralmente oposta. Não busca colocar a energia para fora; pelo contrário: fortalece todos os níveis de energia do corpo. Nesse caso, a excitação será apenas o início de todo um ritual. Em vez de dois seres humanos se encontrarem para descarregar suas energias, agora eles entrarão em uma profunda e transformadora meditação.

Não serão mais guiados pelo processo cíclico e mecânico que governa a humanidade, de perder e ganhar, acumular e recuperar. Aqui os dois estarão, juntos, abrindo os portões do palácio divino e, com isso, não haverá qualquer perda de energia.

Era notável ter encontrado um mestre espiritual que sabia falar de forma tão iluminada sobre sexo. Ele desenvolvia o tema com uma riqueza de detalhamentos impressionante, sem jamais utilizar termos vulgares. Comentou, com rara beleza, textos antigos que descrevem como funciona essa chave que permite a transformação de algo, a princípio tão instintivo, em instrumento de êxtase e elevação espiritual.

Citou Rav Simeon Bar Yochai, autor do *Zohar*, um dos textos pioneiros da Cabala, que dizia que a maior conexão possível para um homem é levar felicidade à sua mulher: o encontro sexual precisa trazer prazer e conforto a ambos. Para isso, o casal deve se estimular, largar os aprisionamentos da mente e entrar no universo do êxtase.

Era um tema polêmico, instigante, e achei curioso o fato de Yacov não tecer qualquer comentário enquanto falávamos sobre a sexualidade. Coah prosseguiu com sua explanação: "O orgasmo não precisa ser necessariamente simultâneo, mas a mulher também precisa atingi-lo, para que se estabeleça o equilíbrio entre os desejos de receber e compartilhar e nenhuma energia negativa possa se apoderar da situação. O ritual se completa quando o clímax sexual se aproxima. Nesse momento, o homem se posiciona por cima da mulher e os dois passam a manter o contato ocular, que pode ser estendido ao contato tátil, também com a união das mãos e dos pés."

"O encontro realizado dessa forma reproduz o momento inicial da criação, o *Big Bang*, gerando explosiva fonte de Luz para o casal e para a humanidade, que se abastece da energia gerada. Trata-se de um ritual intenso, poderoso, mas que só deve ser feito se ambos estão comprometidos com todas as possibilidades mágicas desse encontro", concluiu Coah.

Os temas abordados nesta segunda dimensão da árvore da vida me pareceram igualmente complexos e instigantes: mundos invisíveis, espíritos, inconsciente, sexualidade...

O sexo, para mim, sempre foi uma força difícil de ser compreendida. Por um lado, veículo para o prazer, para um encontro real, descanso para a mente desconectada. Por outro, porta de entrada de energias compulsivas que desgastam e nos arrancam das bênçãos advindas de uma postura ingênua diante da vida.

Por isso, perguntei ao mestre: "Se através dessa dimensão abrimos portas para mais elevação espiritual e, igualmente, para as mais acentuadas quedas de frequência, como fazer para que possamos desfrutar do conhecimento do sagrado sem nos deixarmos expostos às vibrações negativas que sugam nossa vitalidade?"

Ele silenciou por um bom tempo até ensaiar uma resposta: "Propósito é a palavra-chave. Por meio dele, abrimos a porta para um mundo mágico, soberbo, iluminado!"

# A Segunda Palavra-chave: Propósito

"O propósito é a chave para a libertação dos vícios e dos infindáveis desejos da mente desconectada. Se você domina essa chave, torna-se suscetível a um tipo bem distinto de acoplagem, realizada não mais pelos espíritos obsessores, mas sim pelos espíritos elevados da luz", disse-nos Coah, antes de contar a história de outro grande mestre, até então desconhecido para mim.

Baal Shem Tov foi um cabalista que viveu no século XVIII. Ele era constantemente guiado pelo seu *Maggid*, o ser espiritual que conduz um mestre no caminho da cura, da profecia e de outros fenômenos luminosos. Nascido na Ucrânia, perdeu seus pais muito cedo e foi criado pela comunidade. Quando adolescente, lhe foi dado um trabalho como guarda na sinagoga local, onde teve a oportunidade de aprofundar seus estudos e, de forma secreta, se iniciar nos mistérios da Cabala.

Quando se casou, mudou-se com a esposa para as montanhas, onde meditou por vários anos e trilhou o caminho dos grandes mestres. Muitas vezes, lhe traziam doentes para que os curasse, mas ele se recusava, mesmo quando se tratava de pessoas possessas. Porém, uma noite ouviu a ordem: "Os 36 anos de sigilo já escoaram."

Pela manhã, Baal Shem Tov analisou os fatos, encarou a verdade e começou a compartilhar o seu dom com a humanidade. Aceitou os doentes conseguindo curá-los com o fervor de suas preces e com remédios extraídos das ervas, sempre guiado por seu *Maggid*.

Coah comentou que, pouco tempo após sua revelação, Baal Shem Tov protagonizou um episódio marcante no terreno da espiritualidade. Ele foi convidado por um estalajadeiro, residente em uma cidade vizinha, para ser mestre de seus filhos.

Entretanto, o interessado esclareceu que, apesar de haver uma sala especial para o mestre, esta era impura, já que espíritos malignos a ocupavam. Assim mesmo, Baal Shem Tov não apenas aceitou o encargo, como também optou por dormir no local.

Tão logo ele chegou, começou a recitar suas elevadas preces e o ambiente se transformou. Foram muitos os depoimentos de pessoas que viram os espíritos do mal, amedrontados, se refugiarem no sótão.

Eles nem se atreveram a voltar, embora por diversas vezes seus gracejos fossem ouvidos, sem que prejudicassem ninguém. Quando raramente se excediam, fazendo algazarra, o justo gritava com energia e os fazia silenciar. A partir de então, o mestre passou a dar suas aulas com grande tranquilidade, sem ser molestado, mesmo à noite.

Ouvi a história feliz por saber que, além dos mestres mais comumente conhecidos, como Jesus, Moisés e Buda, tínhamos a referência da obra de diversos outros buscadores espirituais que deixaram mensagens iluminadas para o mundo.

Rav Coah explicou, finalmente, por que citou Baal Shem Tov: "Foi um homem movido pelo propósito, que se comprometeu com o caminho da Luz e, por isso, recebeu as mais elevadas energias espirituais, comandadas pela força onipresente do Criador: nem mesmo os espíritos obsessores se atreviam a incomodá-lo."

Nesse dia, descobri que o ser humano é movido por forças desconhecidas dele próprio. É como um *iceberg*, que possui uma porção visível, acima do mar, mas também uma submersa, invisível. Precisamos conhecer a parte de baixo do *iceberg*, em vez de temê-la. Colocar luz na escuridão.

O mestre me disse algo que me nortearia em momentos decisivos de minha vida: "Não se esqueça de seu propósito. Mantenha-o vivo, lembrando-se dele todos os dias. Evite perder tempo com tudo o que, mesmo atraente, não vale a pena. O tempo é o que temos de mais precioso e não deve ser desperdiçado com coisas que não acrescentem na direção de nosso propósito!"

Foi o suficiente para que eu entendesse a mensagem subliminar da parábola do samurai: ao escolhermos de acordo com nosso propósito maior, abrem-se as portas do céu; ao escolhermos na direção contrária, abrem-se as portas do inferno. Simples assim.

Já era final de tarde e, com a aproximação do pôr do sol, a visão pela janela da sala era preenchida quase que totalmente pelo desenho irregular provocado pelas nuances de ondulação na areia desértica. Uma paisagem magnífica, capaz de recarregar todas as baterias do corpo e da alma.

O mestre se despediu silenciosamente, unindo as mãos em gesto de reverência e inclinando levemente o seu corpo, antes de sair pela porta, nos deixando por mais alguns minutos em reflexão meditativa.

Yacov e eu fomos para o lado de fora da sala. Tínhamos muito a conversar, mas o espetáculo proporcionado pela paisagem em mutação não permitia que pronunciássemos uma só palavra. O horizonte se tingiu de alaranjado, depois se acinzentou, enquanto o sol novamente se despedia.

Ainda não tinha resposta para a pergunta que me levara a mudar o rumo de minha existência. Entretanto, ao entrar em contato com mundos antes desconhecidos para mim, descobri que, se existe uma realidade que transcende os sentidos comuns, é bem possível que haja algo em nós que sobreviva à morte física.

# Capítulo 3

# CURA
## {HOD E NETSACH}

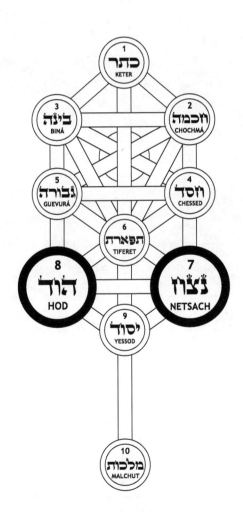

# A Fonte do Poder

Muitos anos atrás, judeus e árabes viviam juntos, em total harmonia. Havia um árabe que tinha forte inspiração divina: previa, curava e abençoava. Por isso, tanto judeus quanto árabes o consultavam, pelos seus maravilhosos dons.

Um grande sábio judeu, intrigado pela fonte daquele poder, se aproximou e começou a ensinar-lhe sobre os mistérios da Torá e tantos outros das antigas escrituras. O árabe adorava aqueles ensinamentos e estava cada vez mais envolvido. Mas então, sete meses depois, o judeu lhe surpreendeu, quando disse: "Se você não me revelar a fonte de seu poder, não o ensino mais."

O árabe amava aquele estudo e disse que revelaria. Entretanto, avisou que ambos precisariam jejuar por três dias e depois fazer um mikve *(banho de imersão com finalidade espiritual)*, para que pudessem purificar o coração e eliminar o ego. O sábio aceitou.

Após os três dias de purificação, o árabe levou-o a um quarto onde havia uma caixa. E disse: "Meu segredo está dentro dessa caixa. Só entro aqui com esse propósito."

O sábio sentiu medo e focou no Criador, imaginando que se tratasse de algum tipo de magia negra. Porém, se surpreendeu quando o árabe, tremendo com fervor, abriu a caixa e mostrou ali *o Tetragrama, nome impronunciável de Deus, símbolo maior da revelação de Moisés diante da sarça ardente, gravado em um pedaço de couro. O árabe fazia perguntas, pedia curas e o nome sagrado se iluminava trazendo toda sorte de bênçãos.*

*O sábio, envergonhado, disse a si mesmo: "Quantas vezes eu mesmo falo o nome de Deus em vão, enquanto esse homem, que pouco sabe sobre os mistérios dos nomes divinos, o evoca com tal fervor, que recebe os mais elevados dons."*

# O Portal da Cura

Ainda estava escuro quando acordei, no dia seguinte. Olhei pela janela e notei que as estrelas brilhavam através do vidro esfumaçado. Como era cedo, decidi caminhar um pouco pela área externa do templo, antes do ritual da manhã.

Sempre que possível, buscava um caminho diferente para andar. Olhando superficialmente, a paisagem parecia a mesma, mas cada lugar tinha sua própria nuance. Agora me deparava com um bosque repleto de pequenas árvores, de beleza única.

Ouvi latidos e me aproximei de onde vinham os sons. Descobri uma área reservada para animais. Percebi que os cães daquela região eram diferentes daqueles com que me habituara a ter contato no Brasil. Eram grandes, fortes, alguns pareciam lobos. Contei cinco diferentes animais no bem cuidado canil, que ficava a cerca de quinhentos metros da sede principal.

Gatos eu já havia encontrado vários em volta do templo. Ficavam soltos, alguns dentro das casas, outros nas árvores em frente à sala de rituais. Um, em especial, dormira na janela do meu quarto nas duas últimas noites: todo preto, com olhos esverdeados, era um ser enigmático.

Quanto mais eu conhecia o templo, mais estava convencido de que aquele era um local habitado por sábios: a coleta de lixo, o tratamento dos animais, o cuidado com a alimentação, a disposição e arrumação de cada cômodo. Nitidamente, tudo era planejado e executado por pessoas em estado de presença.

Neste dia, novamente o mestre me chamou ao seu encontro. Entretanto, pela primeira vez, deixamos a sala de estudos do templo e partimos para uma caminhada. Andamos cerca de meia hora, até que paramos em um poço com água clara, cristalina, todo rodeado de areia desértica. Era uma visão reconfortante para os olhos do corpo e da alma. Eu ainda não sabia, mas ali seria apresentado a um novo portal: a cura.

Nos posicionamos bem em frente ao riacho e nos sentamos em uma pedra. Ao começar sua explanação, compreendi por que Coah me levara até aquele lugar: "Há milênios, os sábios cabalistas afirmam que a água possui os segredos da cura e da longevidade e que, na hidratação espiritual e física das células, está a chave para a regeneração e a imortalidade do homem", disse ele.

Naquela manhã, aprendi sobre a cura a partir dessa substância, farta como nenhuma outra em nosso planeta e também em nosso próprio corpo. Descobri que os mistérios em torno da água são muitos, a começar por seu próprio nome em hebraico, *Mayim*, que se escreve com duas letras "*Mem*" e uma letra "*Yud*". De forma análoga, a molécula da água é formada por dois hidrogênios e um oxigênio ($H_2O$).

Durante o tempo em que estive naquele templo, soube, por intermédio de outros discípulos, que Rav Coah realizava diversos milagres de cura por meio da força da oração e pelo uso de uma água santificada que ele preparava. Eu jamais saberia isso pela boca do mestre, por conta de sua natureza humilde.

Eu não poderia imaginar o quanto esses ensinamentos me seriam úteis, principalmente quando, meses mais tarde, um ente querido foi acometido de um grave problema de saúde. A gata Miau era um membro da família, chegou antes de minha esposa e de nossos filhos, prenunciada por um sonho. E logo se tornaria a mascote da casa.

Com mais de 15 anos de idade, ela começou a adoecer. O diagnóstico não era bom: falência renal. Por conta da gravidade da doença e também de sua idade avançada, todos os veterinários que a assistiram durante as inúmeras internações prognosticaram o seu óbito em um prazo que variava entre alguns dias e alguns meses. A perspectiva do sacrifício era também iminente.

Não havendo nada mais a se fazer, comecei a preparar a *kodesh maim*, nome que se dá à água santificada cabalística. Todos os dias pela manhã, energizava um copo de água para Miau. Para tanto, seguia o procedimento que me fora ensinado por Rav Coach: uma meditação de cura, uma poderosa oração — que, mais adiante, será mencionada — e lia também os Salmos 50, 112 e 121.

No começo, todos ficaram intrigados, achando que eu tinha voltado do templo com alguns parafusos a menos na cabeça. Mas o tempo passou, a gata se restabeleceu por completo, e não havia dúvida, mesmo entre os mais céticos, de que a energização provocara um efeito muito positivo em sua saúde. Sem nunca mais ter sido internada, nem precisado de qualquer outro medicamento, Miau completou, com saúde plena, 21 anos de idade.

Com o passar dos anos, ofereci a *kodesh maim* a muitos outros animais e seres humanos. Curas inexplicáveis aconteceram, ainda mais acentuadas no grupo dos animais. Acredito que o fator determinante para isso seja o fato de o animal não ter o obstáculo da mente. Ele confia inteiramente no seu dono, que lhe oferece um remédio natural. Já os seres repletos de dúvidas e questionamentos acabam não permitindo a eles mesmos uma sintonia com o processo de cura.

Quando perguntei ao mestre Coah o porquê de determinadas ferramentas funcionarem com umas pessoas e com outras não, ele me respondeu: "Existem três componentes fundamentais relacionados à cura: o 'quê', o 'como' e o 'quem'."

# 1º Aspecto: "Quê?"

Sobre esse primeiro aspecto, Coah comentou que a água e a luz são, essencialmente, uma mesma coisa: "A água é uma manifestação da Luz, em um estado mais denso. A partir dessa informação, podemos entender algumas diferenças entre o período pré- e pós-dilúvio. A água do planeta era bem diferente antes do dilúvio, muito mais pura, física e energeticamente. Por isso, as pessoas viviam centenas de anos."

De fato, é notável os personagens bíblicos, como Adão, Noé, Matusalém, antes do dilúvio, terem suas vidas contadas em mais de seiscentos anos. Após o dilúvio, essa longevidade diminuiu drasticamente: Abraão, Isaac e Jacó viveram pouco mais de cem anos cada um. A partir de então, a expectativa de vida somente decresceu, chegando a cerca de quarenta anos na Idade Média. Hoje ela volta a crescer, ainda que muito aquém de tempos remotos.

O mestre falou sobre o trabalho de reconstituição da água com suas propriedades curativas originais, ressaltando que a *kodesh maim* é também um grande preventivo contra energias densas acumuladas no corpo, responsáveis por bloqueios capazes de gerar doenças e impedir a plena fluência da energia espiritual em nossas vidas.

Posteriormente, tive acesso às pesquisas do Dr. Emoto, cientista japonês que fotografou os cristais das moléculas de água e mostrou o quanto ela é sujeita a emanações de vibrações positivas e negativas. O trabalho comprovou, por meio de fotos microscópicas, a importância da água como instrumento de cura para o ser humano.

Aprendi a fazer a *kodesh maim* com água mineral, já que ela, em vez de descer, brota de baixo para cima, vencendo a ação da gravidade e, consequentemente, os padrões do mundo físico.

# 2º Aspecto: "Como?"

Tive o privilégio de aprender a preparar a água sagrada de cura com esse incrível mestre, que assim me orientou: "Antes de prepará-la, você deve se livrar do excesso de pensamentos e desejos pessoais, além de toda forma de negatividade. Uma vez preparado o seu receptor, deve então colocar a água mineral em copo, bacia ou qualquer outro recipiente."

Ficamos um bom tempo em oração e meditação até que ele permitiu o início do ritual de preparo, que envolvia uma poderosa oração cabalística, a meditação em três letras sagradas associadas a um anjo de cura e, o mais importante, uma intensa vibração amorosa sobre a água. Durante todo o preparo, ele enfatizou a questão da concentração, em abrir o coração e reforçar o desejo de levar luz a todas as almas do mundo.

Coah falou muito sobre uma oração cabalística, denominada Ana Becoah. Segundo o mestre, é uma das mais poderosas já reveladas, por conter os segredos da restauração da força da criação. Com uma numerologia especial, composta de sete versos, cada um com seis palavras, é também conhecida com o nome de Deus de 42 letras. O mestre me ensinou a recitar a oração de pé, para resgatar nossa força interior.

Aprendi muito sobre cura nesse encontro. Não apenas para problemas de saúde, mas também como conexão com uma força espiritual de grandes proporções. As palavras de Coah, nesse terceiro encontro, ficaram entalhadas em minha alma:

"Se você se lembrar de que é um filho de Deus, isso o ajudará a criar uma fortaleza espiritual a sua volta. Mantendo-se focado no propósito maior, você descobrirá de onde vem a sua força. O personagem escolhido para libertar a humanidade não é um homem, mas um estado de consciência, que pode ser atingido por cada um de nós."

Suas palavras eram inspiradoras e serviram como introdução para o terceiro dos três tópicos cruciais no processo da cura, este o de maior relevância.

## ~ A ORAÇÃO ANA BECOAH ~

1º — ANA BECOAH GUEDULAT YEMINCHÁ TATIR TSERURA

2º — KABEL RINAT AMECHA SAGVEINU TAHAREINU NORÁ

3º — NA GIBOR DORSHEI YICHUDECHÁ KEVAVAT SHOMREM

4º — BARCHEM TAHAREM RACHAMEI TSIDKATECHÁ TAMID GOMLEM

5º — CHASSIN KADOSH BEROV TUVCHA NAHEL ADATECHA

6º — YACHID GEE LEAMECHA PENEI ZOCHREI KEDUSHATECHÁ

7º — SHAVATEINU KABEL USHMÁ TSAKATEINU YODEA TA'ALUMOT

Em silêncio — BARUCH SHEM KEVOD MALCHUTO LE OLAM VAED

Obs.: "CH" é lido como "RR".

Os sete versos da oração Ana Becoah evocam a força da criação. A pronúncia das palavras é muito mais importante do que seu significado literal. Trata-se de uma fórmula de cura, que nos ajuda a transcender o mundo físico e nos reconecta à semente original da criação.

## ~ SALMO 112 ~

Haleluiá! Louvado seja Deus! Bem-aventurado é o homem que teme o Eterno e que se dedica a cumprir seus preceitos.
Poderosa na terra será sua semente, uma geração de íntegros abençoados.
Fartura haverá em sua casa, e sua retidão permanece para sempre.
Mesmo na escuridão brilha uma luz para o íntegro, pois ele é misericordioso e justo.
Bem haverá ao homem com compaixão, que auxilia a quem precisa e seus negócios conduz com justiça.
Nunca cambaleará. Será sempre lembrado como justo.
Não se intimidará com o rumor negativo, pois seu coração firmemente confia no Eterno.
Ele é seguro e sem temor, e assistirá o fracasso de seus inimigos.
Ele distribui aos necessitados, perene em sua bondade e com glória será exaltado.
O ímpio ao ver se revoltará e inutilmente rangerá seus dentes, pois perecerá em sua ambição.

## ~ SALMO 121 ~

Um cântico para ascensão. Ergo meus olhos para o alto de onde virá minha ajuda. Minha ajuda vem do Eterno, o Criador dos céus e da terra. Ele não permitirá que tropece teu pé, pois não se omite aquele que te guarda. Nosso guardião jamais descuida, jamais dorme. Deus é tua proteção, como uma sombra, acompanha a sua destra. O sol não te molestará de dia, nem a lua à noite. O Eterno te guardará de todo mal; Ele preservará tua alma. Ele guardará sua saída e sua chegada, desde agora e para todo o sempre.

## 3º Aspecto: "Quem?"

Este é o ponto fundamental. Aprendi que não adianta conhecer e estudar as ferramentas se não há um receptor de cura. É como nos ensina a parábola do árabe: o homem não tinha grande conhecimento teórico, mas era capaz de realizar grandes feitos. Submetia-se ao sacrifício, à purificação, e, somente quando livre dos inúmeros disfarces do ego, recebia a bênção da cura.

Sobre isso, muito antes de entrar naquele templo, pude presenciar um episódio de imenso valor, quando minha avó paterna sofreu um infarto. Ela foi internada num hospital especializado, em Copacabana, cujo tratamento foi assistido e acompanhado por um catedrático de cardiologia.

Minha avó já estava há 18 dias com uma febre alta, incessante, que havia começado logo após o infarto. Todas as manhãs, eu e meu pai íamos visitá-la. Certo dia, o médico chamou os filhos para conversar: "Fizemos tudo o que estava ao nosso alcance, usamos todos os recursos disponíveis de medicação, mas ela não está reagindo do modo como esperávamos. É melhor vocês se prepararem para o pior!"

De fato, os recursos da medicina já haviam se esgotado. Ao sair de lá, meu pai estava inquieto e foi a uma loja de departamentos, onde o gerente era um antigo amigo. Na conversa, ao perceber seu semblante de preocupação e tristeza, ele perguntou o que estava acontecendo e meu pai desabafou, explicando o que todos na minha família estavam passando naqueles dias.

O gerente acabou lhe confidenciando que, uns tempos antes, também havia passado por uma situação de doença na família, quando sua amada esposa teve diagnosticado um câncer na coluna. Ela se submeteu ao processo de tratamento, mas, segundo os médicos, teria de três a quatro meses de vida.

Passadas algumas semanas, ele soube de uma rezadeira, uma senhora que orava pelas pessoas, e não teve dúvidas em levar sua esposa até ela. Depois disso, alguns dias se passaram e ele acompanhou a mulher a uma consulta com o médico responsável pelo tratamento. Para sua surpresa, após o exame de rotina, não foi constatado qualquer vestígio de câncer: sua esposa estava curada.

Enquanto meu pai ouvia o relato, um rastro de iluminação percorria seu semblante. Ele nunca havia sido um homem voltado para religião. Era um profissional da lógica, engenheiro de formação, e não tinha qualquer contato com a espiritualidade. Não era crente, nem descrente, simplesmente não colocava o foco de sua vida em assuntos dessa ordem. Mas, quando o amigo se ofereceu para levá-lo até a rezadeira, ele aceitou entusiasmado.

Fomos até a casa de dona Irene, que prontamente nos convidou a entrar. Carinhosa, simpática, de origem humilde, morava em um sobrado na Zona Oeste e aparentava ter entre 60 e 70 anos.

Em um determinado momento, ela chamou meu pai até um cômodo da casa, convidando-o a se sentar em uma cadeira. Já no início da conversa, ela lhe disse: "Pense bem na sua mãe!" Passados dois ou três minutos, ela falou, com simplicidade: "Sua mãe está muito mal, preciso rezar por ela." Provavelmente antevendo as origens judaicas da família, ela indagou: "Mas não sei se vão querer, por questão de outras religiões, não é mesmo?" Papai logo tratou de acalmá-la: "Não tem nada disso, não. Se a senhora puder fazer isso por nós... Mas quando a senhora pode ir até lá?"

Dona Irene respondeu alertando para a urgência da situação. Tratava-se de um caso muito grave. Então, pediu que a buscássemos às 6 horas na manhã seguinte. E foi isso precisamente o que aconteceu: fomos buscá-la e seguimos para o hospital.

Ao entramos no quarto, a enfermeira estava saindo, mas ainda nos informou, em tom de preocupação, que a febre de minha avó continuava em 39°C. Dona Irene se aproximou da cama, pegou um galhinho de arruda e começou a rezar. De repente, ela perguntou a minha avó: "Quem morreu em seus braços ainda muito jovem?" Minha avó respondeu: "Foi meu irmão, que morreu assassinado!" Então, dona Irene falou, olhando para o alto: "Por favor, deixa ela. Vai, vai em paz!"

E continuou a rezar sobre minha avó, balbuciando em tom baixo com o galho de arruda, sem nada mais dizer. Passados uns instantes, a enfermeira entrou no quarto. Já havia acabado a reza e meu pai chamou dona Irene para ir embora.

Lembro que era uma manhã fria, no mês de julho. Dona Irene pediu que meu pai colocasse a mão no seu vestido, sobre o qual ela trajava um suéter. Meu pai ficou surpreso ao perceber que sua roupa estava encharcada e lhe perguntou o que tinha acontecido. "É a febre da sua mãe que eu trouxe comigo! O Senhor ajudou. Podem ficar tranquilos porque ela vai ficar bem."

Meu pai se ofereceu para levá-la em casa, mas ela não aceitou, explicando que não podia voltar para casa com "aquilo". Pediu apenas que a deixássemos em uma pequena igreja, a de São Benedito dos Pretos, no centro da cidade.

Partimos em direção àquele destino, junto à amável senhora, que mais parecia um anjo em forma humana. Ao chegar, ela se despediu apressadamente. Tomamos o rumo de volta a Copacabana, em direção ao hospital onde minha avó estava.

Ao entrarmos no quarto, meu avô estava com uma tremenda cara de espanto, admirado. Logo quisemos saber o porquê. Ele então disse: "Vocês saíram e a febre dela cedeu. Como ela estava com calafrios, a enfermeira foi medir a temperatura e o termômetro marcou 35°C, sendo que trinta minutos antes constavam 39°C!"

Ninguém entendeu o que se passava. Por volta das 9 horas, o médico, surpreso, também revelou sua perplexidade. A febre não voltou mais e, passados alguns dias, minha avó recebeu alta e voltou para casa.

Fomos visitar dona Irene para agradecer-lhe pessoalmente. Tentamos lhe oferecer alguma ajuda financeira, mas ela não aceitou, explicando que aquilo era obra do Senhor e que ela era apenas uma serva em missão neste mundo.

Depois soubemos que o amigo de meu pai também quis ajudá-la, doando móveis que havia recebido de clientes, mas ela não aceitou nada, a não ser um móvel usado. O intuito dela era único: fazer o bem, nunca esperando algo em troca. Me recordo dela dizendo: "Enquanto eu estiver por aqui, vou procurar cumprir minha missão!"

Alguns anos se passaram e minha avó teve uma piora no seu estado de saúde. Fomos novamente à casa de dona Irene. Logo que entramos, ela chamou meu pai para um cômodo da casa, onde havia uma espécie de oratório, e lhe disse: "Agora não adianta mais. Ele quer levar sua mãe. Vocês terão hoje e amanhã para se despedir, porque depois de amanhã ela vai embora. Vai partir deste mundo e isso está fora de meu alcance!"

Contei a história da cura de minha avó ao mestre, no templo. Ele mostrou interesse e concentração durante todo o tempo em que nos comunicávamos. Hoje percebo que, ainda mais importante do que tudo o que ele me ensinou, o que realmente fez diferença na minha vida foi estar frente a frente com um ser desperto, iluminado, que vivia no único tempo em que a vida acontece: o agora.

Após ouvir meu relato, Coah ressaltou que o ponto mais importante nos processos de cura é lembrarmos que todos os nossos dons são emprestados. Destacou as virtudes da velha senhora: "Repare que ela era humilde, bondosa, repleta de desejo de compartilhar. Mesmo tão carente materialmente, não aceitava pagamento, porque sabia de onde vinha o seu dom. É preciso lembrar que nossa estada neste mundo não passa de um conjunto de noventa ou cem anos. Mas a Luz divina, que a tudo criou e abastece, é eterna. Sempre esteve e sempre estará presente."

Antes de encerrar o nosso encontro, ele ainda falou sobre as duas palavras-chave que davam acesso às duas novas dimensões que estudamos juntos nesse dia: **refinamento** e **permanência**.

# Refinamento e Permanência – Virtudes de Cura

As duas novas dimensões da árvore da vida, *Hod* e *Netsach*, traziam o segredo para a cura, mesmo as aparentemente impossíveis. O mestre falou primeiro sobre refinamento, palavra-chave de *Hod*:

"**Refinamento**, porque o receptor de cura pode sempre ser aprimorado, por meio do desenvolvimento de virtudes como humildade e generosidade e, também, pelo desapego de tudo aquilo que traz peso à alma."

Em seguida, falou sobre a palavra-chave de *Netsach*:

"**Permanência**, porque durante o processo de aprimoramento estaremos sempre sendo testados. Nesses momentos, precisamos seguir adiante, com fé e confiança de que somos amparados por uma força muito maior do que nós e para a qual nada é impossível."

Ao final deste terceiro encontro, fizemos orações em conjunto, utilizando salmos, a oração Ana Becoah e orações pessoais, intuídas naquele momento.

Uma brisa de emoção refrescava minha alma. Me sentia grato por descobrir que a vida pode ser uma experiência repleta de significado, muito superior à existência guiada pelos objetos perecíveis do mundo.

Sabia que ainda estava longe de uma resposta. Aliás, sequer tinha certeza se ela chegaria a mim algum dia. Mas, pouco a pouco, adquiria uma sabedoria que fazia da vida uma experiência muito mais intensa e significativa.

Era uma manhã gelada, mas de sol brilhante. Caminhamos lentamente de volta ao templo, em silêncio, de forma que pude contemplar as nuances de uma paisagem que parecia compreender tudo que se passava conosco.

Ao chegar, fui direto ao meu quarto, para tomar banho e me recompor. Quando me dei conta, uma dor na coluna que me acompanhava há tempos, ainda fruto dos treinos excessivos na época em que eu praticava artes marciais, simplesmente havia desaparecido.

# Capítulo 4

# A MEDITAÇÃO
## {TIFERET}

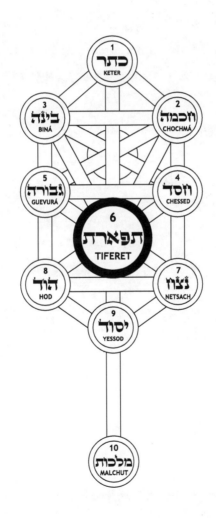

# É Mesmo?

O mestre zen Ryohan era respeitado por todos, como alguém que levava uma vida pura. Um dia, descobriram que uma linda moça, que morava perto de sua casa, estava grávida. Seus pais ficaram furiosos. No início, a moça não quis dizer quem era o pai, mas, após muita pressão, falou que o pai era Ryohan. Com bastante raiva, os pais foram ao mestre, mas tudo o que ele disse foi: "É mesmo?"

Quando a criança nasceu, foi levada a Ryohan. A essa altura, ele já havia perdido sua reputação, mas isso parecia não perturbá-lo. Pedindo esmola a seus vizinhos, obteve comida e tudo o mais que a criança necessitava. Cuidou dela com todo o carinho.

Um ano depois, não suportando mais a situação, a mãe da criança contou a verdade a seus pais: o pai era um jovem que trabalhava no mercado de peixes. Eles foram imediatamente a Ryohan lhe contar toda a história. Desculparam-se muito, imploraram seu perdão e pediram a criança de volta. Enquanto entregava a criança, sem alarde, o mestre simplesmente falou: "É mesmo?"

# Tiferet — Uma Viagem ao Centro

Um nome, um status, uma história de vida. Todos esses atributos fazem parte de uma percepção dentro do mundo das formas, porque, se mergulharmos fundo em nosso interior, descobriremos que tudo é uma grande ilusão. Só o que é real é a presença de uma força maior, única. Em todos os momentos, em todos os lugares, a mesma presença.

Para acessar essa presença, precisei empreender uma jornada, sem direito a acompanhante. Existem portais pelos quais necessitamos passar sozinhos. E foi através dele que conheci a palavra-chave dessa quinta dimensão da árvore da vida, chamada *Tiferet*: Meditação.

Eu já meditava há muitos anos, mas, naquele dia no templo, reaprenderia o que, de fato, significa meditar. O mestre explicou: "Não é algo que possamos fazer. Muito pelo contrário, é algo que precisa simplesmente acontecer. O pensamento é um fazer, a concentração também é um fazer, até mesmo a contemplação pode ser um fazer. Mas, se apenas por alguns segundos deixamos de fazer e nos colocamos no centro, isso é meditação. Por ser um fenômeno muito simples, as pessoas têm tanta dificuldade em praticá-la."

Coah falou sobre a vida de um homem que jamais parou: 12 filhos, duas mulheres, construiu um legado, mas somente se realizou quando se transformou em um ser meditativo. A transformação foi tão intensa que ele foi coroado com um novo nome.

## De Jacó a Israel

Foi diante do silêncio da noite, no deserto, que Jacó enfrentou o anjo da morte. A luta teria acontecido dentro de um círculo e perdurado até o amanhecer. Depois de tanto lutar, ele entregou seu destino nas mãos de Deus. E, ao fazer isso, o medo se esvaiu. O velho Jacó ali morria para dar Luz a um novo homem. O anjo reconheceu sua transformação e lhe abençoou com um novo nome: Israel.

Sempre tive curiosidade a respeito de algumas passagens da Torá. Eu imaginava que elas traziam uma mensagem mais profunda do que o texto aparente sugeria. Entre elas, se destacava a luta de Jacó com o anjo da morte.

Coah trouxe luz a essa passagem, primeiramente falando sobre a herança patriarcal de Jacó, que era neto de Abrahão. Disse que a maior herança que o avô deixara para ele não tinha relação com objetos físicos, mas sim com um profundo conhecimento espiritual, porta de acesso à magia, que ele condensara dentro de um texto chamado *Sefer Ietsirá*.

Uma pequena euforia ameaçou tomar conta de mim ao saber da existência de um texto recheado de mistérios, que apresentava pistas essenciais para o místico que se dirige às dimensões invisíveis da existência. Rav Coah puxou de uma estante, repleta de livros, um exemplar muito antigo do *Sefer*. Segundo ele, uma edição de mais de quinhentos anos: um livro preto com letras prateadas. Ele me entregou e disse: "O *Sefer Ietsirá* é um portal para a abertura do universo mágico. Se você o praticar com pureza de espírito e permanência, fortalecerá sua concentração, até desenvolver poderes telecinéticos."

Durante alguns minutos, examinei o livro. Da forma como eu o enxergava, parecia conter equações de uma complexa fórmula matemática, revelando segredos sobre a criação de nosso mundo. Depois, o entreguei de volta ao mestre, que o colocou em cima de uma pequena mesa de mármore branco, que estampava uma formosa estrela de Davi trabalhada em pedras azuis.

"É um livro que fala sobre a possibilidade que as pessoas têm de criar uma nova realidade, escolher seu próprio destino", prosseguiu o mestre.

Entre os inúmeros códigos do *Sefer*, mestre Coah se referiu a um em especial, origem da palavra Israel, que revela uma meditação mágica: *o círculo dos 231 caminhos*. O novo nome dado a Jacó, Israel, não veio ao acaso. Há um grande código nisso: Israel (ישראל) pode ser dividido em *Iesh* + *Rael* (יש ראל), que significa, em hebraico, "Há 231".

Ele parecia devotar grande atenção a esse número, enquanto falava de assuntos ligados à magia: "Os 231 caminhos representam o número de combinações em dupla, que podem ser feitas entre as 22 letras hebraicas, base de uma poderosa meditação cabalística. São forças que ligam ao divino, trazendo para o mundo físico as mais elevadas energias espirituais", revelou o mestre.

Com um olhar misterioso, disse que Jacó jamais poderia ter vencido o anjo da morte sem a ajuda do *Sefer*, pois a luta com o anjo se realizou em um local conhecido como o "círculo da transformação". Segundo os antigos místicos cabalistas, é dentro desse círculo que o *Sefer* revela os segredos da recriação da vida.

# O CÍRCULO DOS 231 CAMINHOS

- A primeira letra, *Alef* (א), pode ser combinada com 21 outras.

- A segunda, *Beit* (ב), pode ser combinada com vinte outras (com a primeira já foi combinada).

- A terceira, *Guimel* (ג), pode ser combinada com 19 outras.

- Aplicando esse raciocínio até a última letra, teremos:

21 + 20 + 19 + (...) +3 + 2 + 1 = 231 permutações.

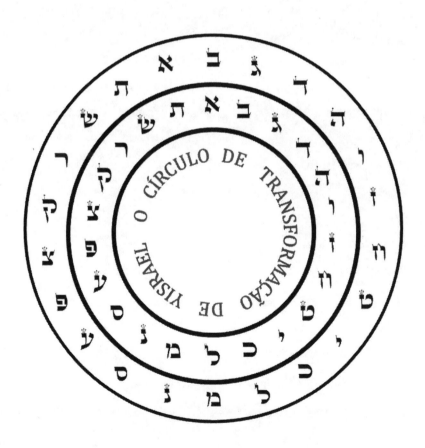

# As 22 Letras da Criação

Era fascinante descobrir segredos sobre letras sagradas, canais de comunicação com o divino, utilizadas por antigos e notáveis mestres. Ao mesmo tempo, me sentia receoso de que meu conhecimento muito limitado do idioma hebraico fosse atrapalhar meus progressos de aprendizado no templo.

Enquanto pensava sobre essa questão, Coah, lendo meus pensamentos, como já fizera tantas outras vezes, me disse: "Esse alfabeto transcende religião, raça ou qualquer outra ideia de separação, porque contém símbolos universais, revela a genética de todos os seres vivos. Objetos do mundo físico, sentimentos, mesmo as mais elevadas experiências místicas. Tudo existe a partir de uma fórmula espiritual."

Ele me explicou, então, que as 22 letras do alfabeto hebraico representam vibrações universais, como um DNA da alma. Fez um paralelo com a ciência, que recentemente codificou toda a formação da matéria em letras, por meio do código genético.

Fiquei curioso para saber como o mestre se atualizava sobre temas contemporâneos, uma vez que não havia jornal, nem computadores no templo. Havia uma única TV, que eu jamais vi em funcionamento.

Coah falou sobre a força emanada por essas 22 letras sagradas e sobre os trabalhos meditativos com elas. Segundo ele, produziam efeitos milagrosos na vida das pessoas. E explicou que nisso residia o mais intenso poder da Torá.

"Os cinco livros de Moisés não foram escritos para contar uma história, nem ao menos como um código de leis, e sim como uma partitura divina, a ser lida não pelos olhos físicos, mas pelos olhos da alma. Como em uma sinfonia, as letras são arrumadas em uma disposição harmônica, recheada de códigos, trazendo o mapa que aponta o caminho de volta para casa", resumiu o mestre.

Coah era também um mestre em transformar assuntos complexos em ensinamentos de agradável absorção. Ele comparava a Torá a um grande pomar com árvores esplendorosas, com raízes profundas, das quais podemos extrair sua vitalidade.

Enquanto caminhávamos pelos arredores do templo, ele me falou sobre este e outros mistérios. Sua eloquência verbal era impressionante. Eu poderia ficar horas a fio ouvindo suas explanações, sem jamais me desligar do tema.

Nos posicionamos entre duas rochas ao fundo de uma fenda. O sol caminhava para o seu poente, o que fazia do céu um espetáculo à parte. Apenas em cima de nós havia um conglomerado de nuvens, que formavam um sombreiro, nos protegendo dos raios solares.

De repente, fomos surpreendidos pelo voo rasante de um pássaro. Senti como se fosse um sinal. Coah sorriu novamente, parecendo adivinhar meus pensamentos. Interrompeu seu discurso para, em seguida, me iniciar na meditação dos 231 caminhos.

Ele me orientou a deixar de dar atenção ao mundo externo e partir em busca do interior, largando a identificação com os pensamentos. Após alguns minutos nessa conexão, me sentia mais silencioso e presente. Nos sentamos com a coluna ereta, as mãos soltas sobre as pernas, com as palmas para cima, e começamos a respirar de forma mais atenta.

Não tenho ideia do tempo que se passou, era como se estivesse num transe. Me lembro somente de que não havíamos chegado à metade da meditação e eu já mergulhava em um estado alterado de consciência, o qual não havia experimentado nem em ocasiões anteriores, com o auxílio de ervas e de chás facilitadores utilizados em rituais indígenas e xamânicos.

A paisagem diante de mim vibrava, como um grande pulsar da vida. Nossos corpos, as rochas à nossa volta, o solo desértico, a luz do sol, tudo parecia incrivelmente novo, vivo. Uma alegria imensa tomava conta de minha alma, uma sensação de liberdade, difícil de expressar em palavras.

Uma experiência marcante, que trazia a revelação de quanta ilusão há no mundo percebido pelos sentidos comuns, que nada mais é do que a soma de crenças individuais e coletivas. Ao focar em outra realidade, uma nova dimensão intensamente viva pulava diante de mim. Percebia que tudo nesse estado era o mesmo: vida e morte, terra e mar. Era o mundo do abandono do ego.

Sem perceber quanto tempo já havia se passado, me recordo do momento em que Coah estalou os dedos e me olhou nos olhos. Não havia percebido antes um olhar como aquele. Era como se ele fosse outra pessoa: um ser iluminado, imortal. Senti um arrepio diante daquela imagem:

"Aqui não existem mais pendências, nenhuma classe de sofrimento: este mundo está a sua espera. Não como algo que depende de uma ou outra situação externa, mas como uma experiência de pureza, que brota com simplicidade, como a nascente de um rio. Você consegue escutar o silêncio?", perguntou-me o mestre.

A experiência meditativa daquela tarde serviria como um guia no caminho para o resto de minha vida. Descobri que não podemos atingir esse nível de consciência quando apegados às coisas físicas e terrenas, pois isso significa estarmos ainda ligados com o dualismo. Como seria possível, então, penetrar nos domínios em que reina a unidade absoluta? Deus é infinito e não pode ser contido em nenhum vaso.

À medida que o tempo passava, comecei a desejar que aquele dia não acabasse nunca. O sol ameaçou se pôr no horizonte e permanecemos em silêncio meditativo. Eu poderia resumir essa vivência em três palavras: paz de espírito.

# Paz de Espírito

Percebendo meu encantamento, o mestre fez questão de alertar sobre os perigos do apego a qualquer técnica meditativa, por mais elevada que ela seja. Disse que os métodos podem ser úteis, mas que a meditação não pede para fugirmos da vida:

"O fazer continua em seu próprio nível, não há problema. Acorde cedo, lave a louça, corte a madeira, acenda a lareira à noite, escreva algo. Você pode fazer todas as pequenas e grandes coisas e se manter meditativo. Apenas uma coisa não é permitida: o seu centro não deve ser perdido. A consciência deve permanecer imperturbável. Assim, a vida continua, mas com uma nova intensidade, com mais alegria e criatividade!"

Eu amadureci substancialmente naqueles dias ao lado de um mestre iluminado. Havia largado muita coisa em busca de uma resposta, que ainda não chegara a mim, ao menos da maneira como eu queria. Mas agora sabia dos limites da mente cognitiva.

Esse é o problema maior das terapias. Deite-se em um divã e durante cinco anos você vai todos os dias falar de você, de seus problemas, de seu passado. Por que não transforma? Porque o ego continua no comando, dentro da linguagem mental caótica, repleto de desejo de receber só para si mesmo.

Terapias ajudam, mas só nos transformamos mesmo quando damos um descanso para o "eu" e decidimos entrar em sintonia com algo imortal, infinito, que existe em abundância no Universo, mesmo diante das maiores dificuldades. É dessa sintonia que vem toda a força para o despertar.

O despertar aconteceu a poucos seres na história. Porque poucos se dispuseram a atravessar o portal de cura e libertação, chamado não manifesto. Esse é o grande alimento da alma: a conexão com o estado de unidade total, de onde vem a energia que alimenta a existência, muito mais importante do que qualquer alimento físico.

Jacó era um bom homem, pai de família, trabalhador, mas somente encontrou a si mesmo e venceu os seus medos quando saiu em uma caminhada para dentro de si. Naquele momento eu pude conhecer esse ponto único, imortal, que cada um de nós carrega dentro de si. E para chegar a este ponto, tive que aceitar o vazio.

Precisei de dias de isolamento no templo para perceber que todas as minhas conquistas e os meus fracassos eram repletos de vazio. Simplesmente perpassam pela existência. Parecem reais, mas são sonhos.

Coah voltou a falar sobre a parábola, com a qual iniciara esse encontro. Citou o mestre zen: "Por ter alcançado o despertar, Ryohan respondia da mesma forma quando agredido ou ovacionado: 'É mesmo?' Como podemos nos sentir agredidos por uma ilusão? Como podemos sofrer por tantas coisas ilusórias? Você sonhou que alguém o agredia? Mas era somente um sonho. Por que guardar isso?"

Antes de fazer uma oração final, o mestre me surpreendeu, dizendo que iria viajar por uns dias. Ensaiei uma cara de decepção, mas, no fundo, sabia que seria uma ótima oportunidade para eu colocar em prática tudo o que havia aprendido até então. Era muita informação e eu precisava me avaliar, descobrir, de uma vez por todas, se havia progresso em meu aprendizado.

Novamente, como tinha feito em nosso primeiro encontro, ele terminou gritando: "RÁ."

Difícil traduzir em palavras o que senti naquele dia!

# Capítulo 5

# DISCIPLINA E AMOR
## {GUEVURÁ E CHESSED}

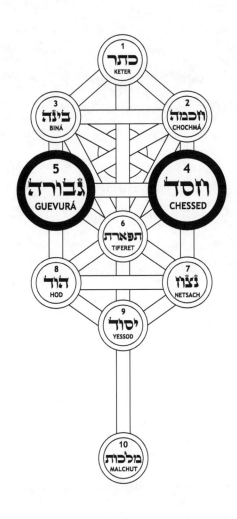

# A Vida no Templo

Os dias de trabalhos e práticas no templo eram gratificantes. Tudo aquilo que me fora ensinado nos encontros com Coah podia ser confrontado na prática do dia a dia, fosse na cozinha comunitária, no trabalho agrícola, na limpeza, todos tinham que colaborar para manter o templo em ordem e, eventualmente, aconteciam pequenos desentendimentos, como comumente ocorrem onde existem dois ou mais seres humanos.

A proposta era que desenvolvêssemos as virtudes da árvore da vida em todas as ocasiões: escolha pelo presente, propósito, refinamento, permanência e meditação. Esta última, mais do que uma ou duas práticas diárias, envolvia estarmos em nosso centro, a cada momento.

Já tinham se passado quase duas semanas desde que eu chegara àquele lugar. Embora a saudade da família e dos amigos fosse grande, tinha medo de não conseguir mais me adaptar à minha rotina no Brasil, com todos os desafios que uma vida urbana apresenta.

Durante este período pude conhecer melhor as pessoas que ali habitavam. Yacov, em especial, se tornou um amigo. Todos os dias, após o almoço, caminhávamos na direção do lago em que Coah me iniciara na cura com as águas.

Desde o primeiro dia no templo, tive curiosidade em saber como ele chegara até aquele lugar, mas Yacov jamais me revelou qualquer informação íntima. Até que, em uma dessas caminhadas, contou uma história surpreendente.

Ele me disse que aos 22 anos começou a ter um mesmo sonho repetidas vezes e, por conta disso, passou a sofrer de forte estresse. À beira de uma depressão, foi orientado por um amigo a procurar uma psicoterapeuta de confiança.

A terapeuta, logo em sua primeira consulta, o conduziu a uma sessão de relaxamento. Foi quando ele falou um pouco sobre o sonho e sobre um traumático episódio de sua infância.

Em seu sonho, caminhava por um imenso cemitério, deparando-se com os túmulos de seus antepassados, um a um. Reconhecia o túmulo do pai, da mãe, dos avós maternos e paternos, e até mesmo de alguns ancestrais que não chegou a conhecer.

No final do imenso jardim, havia uma ponte de madeira. Sempre que ele chegava à beira da ponte, quando daria o primeiro passo sobre ela, acordava com sensação de pânico e falta de ar.

A terapeuta, muito hábil, passou a lhe fazer perguntas sobre sua infância, o que lhe permitiu resgatar uma parte muito sensível da intimidade de Yacov, guardada no mais profundo território inconsciente. Ele contou sobre um episódio, marcante como nenhum outro em sua vida, quando era ainda um menino de apenas 8 anos.

Sua família estava com as malas prontas para viajar e Yacov recordou que o pai, cansado após um exaustivo dia de trabalho, pediu a sua mãe que dirigisse. Os pais ainda discutiram se valia a pena aquela viagem para Malibu, uma vez que o tempo estava muito chuvoso e já era tarde da noite. Yacov era de família americana. Eles moravam em San Diego.

Quando a família pegou a estrada, chovia torrencialmente. O restante da história ele só conheceu muitos anos depois, pelo depoimento único e muito sofrido de sua avó materna.

O carro da família, ao fazer uma curva, se deparou com um caminhão no meio da estrada. Sua mãe ainda tentou frear, mas, com a pista molhada, o carro deslizou e se chocou violentamente com a traseira do caminhão. Ela e o marido morreram instantaneamente. Já Yacov e seu irmão mais novo, por estarem no banco traseiro, sobreviveram, sofrendo somente leves escoriações.

Era uma história triste e precisei me esforçar para conter a emoção.

Ele contou que a terapeuta lhe prescreveu um sedativo e, naquela noite, voltou a ter o mesmo sonho. Dessa vez, no entanto, foi tudo muito mais assustador, porque, ao pisar na ponte, ele percebeu que estava sonhando e tentou acordar. Mas não conseguiu.

Possivelmente por estar sob efeito do sedativo, o medo diminuiu e ele resolveu atravessar a ponte. Caminhou lentamente, passo a passo, até que, antes que pudesse terminá-la, avistou do outro lado um túmulo branco, com uma imensa lápide de mármore, onde se inseria uma estrela dourada. Abaixo da estrela, em letra cursiva, constava seu nome. Era o seu próprio túmulo!

O sonho prosseguiu. Ao se aproximar do túmulo, ele pôde ver, junto à lápide, um pequeno pedaço de papel antigo, uma espécie de pergaminho, estampado com duas imensas letras hebraicas. As letras irradiavam uma Luz intensa e dourada e pareciam pular para fora do papel. Mas, quando esticou a mão para segurar o pergaminho, o mármore do túmulo se partiu e por cima do caixão ele viu a imagem dos pais.

Era uma história e tanto! Eu não queria atrapalhá-lo e, por isso, só ouvia. Yacov prosseguiu: "Acordei sentindo uma mistura de euforia e desespero. Eu sabia que deveria haver alguma mensagem importante por trás daqueles sonhos repetidos. O que significaria a visão do meu próprio túmulo? E o rosto dos meus pais? Por quantos anos eu sonhara em ter uma visão com eles e isso jamais me aconteceu! E qual seria o significado do manuscrito com as letras hebraicas?"

Ele disse, então, que durante anos procurou um significado para isso tudo. Até que, em férias no Brasil, dois anos depois, recebeu de um amigo a indicação de um guia, segundo ele o maior profeta vivo naqueles dias. Ele foi ao profeta, que falava um inglês modesto, mas o suficiente para descrever sua vida, a relação com o irmão, a perda dos pais... Tudo!

O profeta falou a Yacov sobre seu sonho repetido, revelando que este apontava para sua missão de vida. As duas letras que ele vira em sua lápide eram as iniciais de *Sefer Ietsirá*, antigo manuscrito cabalístico que revela os maiores mistérios da criação. Disse-lhe ainda que, a partir do *Sefer*, ele poderia compreender a história de sua vida e também o que o destino lhe reservava.

Yacov ficou tão maravilhado que resolveu passar um mês inteiro no Brasil, e alugou um apartamento próximo à residência do profeta.

Até o dia em que finalmente seus apelos foram ouvidos e obteve do mestre ajuda para trilhar o caminho revelado por seu sonho.

Quando ele citou o nome do profeta, não me contive de alegria: Rav Nerruniá. Era simplesmente inacreditável. Yacov também teve contato com o meu mestre e, mais ainda, também chegara até aquele local por sua influência.

Ele voltou para os Estados Unidos, onde passou um mês se desfazendo de todas as suas obrigações. Pediu demissão de seu emprego e se mudou, definitivamente, para o templo. Desde então, já tinham se passado cinco anos.

Yacov confessou-me que sentia muita falta do irmão, com quem se comunicava por cartas, porém a nova realidade experimentada era tão radiante, repleta de luz, que não tinha coragem de voltar a viver na "antiga realidade", como ele chamava sua vida antes das revelações.

Nos olhos de Yacov era possível enxergar um desejo por conhecer os grandes mistérios, uma vontade que ainda estava vívida. E foi olhando diretamente nos olhos que ele me disse: "Antes de sentir a presença de Deus, a ideia de que tudo iria acabar um dia era desesperadora. Mas, quando passei a enxergar com os olhos da alma, perdi todo o medo."

Eu também queria enxergar com os olhos da alma. Depois daquele dia, por diversas vezes, tentei, por seu intermédio, responder às minhas perguntas mais profundas, entre elas sobre o significado da vida e da morte. Yacov me respondia sempre da mesma forma: "Isso você não poderá descobrir pela linguagem da mente. Precisará de experiências reais, que lhe confrontarão e abrirão portas!"

Após este dia, ficamos ainda mais íntimos. Conversávamos e meditávamos juntos. Eu me sentia em completa conexão com a força divina, ainda que a saudade da família estivesse beirando o insuportável. Até que, seis dias após ter partido, Rav Coah reapareceu.

## Disciplina e Amor

Foi logo após o ritual da manhã. Sentamos à mesa do café, todos juntos, e fizemos a refeição, não sem antes dedicarmos uma oração em agradecimento por tudo que aquele momento envolvia. Em seguida, o mestre me chamou em sua sala. Senti pelo semblante dele que algo diferente iria acontecer.

Nesse dia, Coah falou de duas novas dimensões da árvore da vida: *Guevurá* e *Chessed*. Explicou que o acesso a elas é feito por meio de duas palavras-chave, aparentemente distintas, mas, acima de tudo, complementares: **Disciplina** e **Amor**.

"A **disciplina** é para lembrarmos que dentro de nós carregamos também um opositor que nos acompanha da primeira inspiração ao último suspiro de nossa vida. Precisamos dizer não aos nossos próprios aspectos sombrios, para seguir em direção a uma existência plena de realização", ele explicou.

Comparou essa virtude a um grande diamante da realização: a capacidade de permanecermos em nossos propósitos, mesmo quando tudo parece dar errado. Fazemos isso pela convicção de que temos uma missão maior do que o simples exercício da sobrevivência.

Lembrei-me da obra de Chico Xavier, um dos maiores médiuns de todos os tempos. Ele era guiado por Emmanuel, seu mestre espiritual, que uma vez lhe ensinou sobre os três ingredientes fundamentais no caminho da espiritualidade: disciplina, disciplina e disciplina.

Já o **amor**, Coah disse, "é a possibilidade de nos aproximarmos da natureza do Criador e, portanto, de nossa própria natureza divina. Mas é um fenômeno raro. As pessoas conseguem, quando muito, senti-lo através de *flashes*. O amor é uma possibilidade interior e, quando você o conhece, se transforma inteiramente".

O mestre falou sobre aspectos interessantes da disciplina e do amor, em especial sobre o uso mais adequado do "sim" e do "não": usar o sim para tudo aquilo que nos aproxima da Luz e o não para as tentações que, no fundo, só nos puxam para baixo.

Surpreso fiquei quando ele anunciou o fim de nossas aulas: "Completamos uma etapa fundamental da árvore da vida: estudamos juntos sete das dez dimensões. Elas representam 70% da existência. A partir de então, não posso mais lhe ensinar. Porque o que vem a seguir são dimensões que dão acesso ao mundo infinito. Atingir esse ponto não é para todos, somente para os que têm sede pelos grandes mistérios da vida. E essa busca vai depender de sua disciplina e amor pelo caminho!"

Ouvi e silenciei, ao perceber que novamente estaria só. Depois de tantos anos sentindo a ausência do mestre Nerruniá, finalmente eu encontrara um outro ser iluminado, mas, naquele momento, ele se despedia de mim, me orientando a caminhar com meus próprios passos.

Já havia aprendido sobre portais que devemos trilhar sozinhos. E, se o destino me levaria por novos rumos, eu me apressaria em segui-los.

# *Despedida*

No dia seguinte, minhas malas já estavam arrumadas, do lado de fora do chalé. Quando Coah se aproximou, estava junto com o seu discípulo Yacov e me chamou para uma prática de cura com água.

O *mikve*, como ele chamava aquele banho de imersão, era composto de oito mergulhos. O primeiro, precedido de uma bênção: momento de conexão intensa. Coah me alertou para eu mergulhar inteiro, sem deixar um único fio de cabelo fora da água. Já no primeiro mergulho, limpamos toda a negatividade.

Depois, cada um dos sete mergulhos seguintes propiciava uma conexão com uma dimensão da árvore da vida, as sete que tínhamos estudado até então. O banho foi poderoso e me senti totalmente renovado.

Após o banho, eu sorria sem parar, involuntariamente, mesmo na iminência de deixar os ensinamentos do templo. Ao me ver naquele estado, o mestre disse: "Quando a alegria tem um motivo, ela não vai durar muito tempo, mas, quando ela é sem razão, vai estar aí para sempre!"

Ele me explicou que, diferentemente de um simples banho de mar, o banho espiritual traz limpeza em todos os níveis de alma. Feliz por experimentar uma prática tão energética, dei um abraço afetuoso em cada membro do templo e ameacei partir. Todos riram, depois entendi o porquê: em frente ao lago, haviam preparado um ritual de despedida para mim.

Enquanto cantavam lindas melodias, tive a imensa alegria de receber das mãos de Rav Coah a lã vermelha de iniciação. Ele colocou a lã em meu punho esquerdo e em seguida deu os sete nós para amarrá-la, cada um com um verso de uma oração. Meu coração palpitava, emocionado. Era um grande privilégio ser iniciado pelo mestre do meu mestre.

Foi o próprio Coah quem me acompanhou durante boa parte da caminhada na trilha de retorno. Chovia torrencialmente naquele dia, algo raro na região, e a chuva incomodava.

O mestre me perguntou se eu acreditava que era possível, por intermédio da oração, mudar o curso de um fenômeno natural. Depois de tudo o que havia presenciado e aprendido naquele templo, disse a ele, sorrindo, que não duvidava de mais nada.

Coah então interrompeu a caminhada, buscou refúgio da chuva em uma pequena caverna que se formava pelo agrupamento de rochas ao redor do lago, fechou os olhos, orou um tempo em silêncio, depois recitou a oração Ana Becoah.

Eu já sabia reconhecê-la e fiquei atônito ao constatar que, em apenas alguns minutos, a chuva cessou inteiramente, dando lugar a um sol radiante.

Depois seguimos em silêncio. Afinal, o que mais precisava ser dito? Em certo momento, ele parou, me entregou um envelope lacrado e me orientou a abri-lo somente após cumprir uma etapa iminente em minha jornada pela espiritualidade. Perguntei do que se tratava. Ele respondeu:

"Você se dedicou anos e anos às artes marciais. Somente poderá trilhar o caminho de um mestre espiritual depois que concluir essa etapa, que tem muito a lhe ensinar. Não desista desse sonho e, se em algum momento você sentir que não tem forças para ir adiante, lembre-se dessas duas últimas palavras-chave: disciplina e amor."

Tive vontade de retrucar, explicar ao mestre Coah que os médicos haviam me proibido de prosseguir lutando, que eu tinha filhos pequenos e que não podia arriscar minha vida. Mas não falei nada. Apenas silenciei.

Ele tirou o relógio que estava sempre em seu pulso, desde o nosso primeiro contato, e me ofereceu como presente. Meus olhos se encheram de lágrimas, enquanto agradecia por todo o carinho com o qual fui acolhido. Então parti.

# Retorno

Foram três dias de viagens e paradas estratégicas, até que cheguei de volta a minha casa. Como não havia avisado a ninguém, foi uma festa de surpresa e alegria, com direito a muitos abraços e beijos. Depois, passei algumas horas contando a minha esposa um pouco do que tinha aprendido no templo.

Quando falei de minha decisão de seguir rumo à concretização de um sonho, que ela bem conhecia, envolvendo as artes marciais, minha esposa demonstrou grande preocupação. Aliás, família, amigos, médicos, a maioria das pessoas foi contra. Mas havia algo dentro de mim que dizia: "Vá em frente!"

Ainda que eu não tivesse resposta para a pergunta que me levara ao templo, o fato é que voltei de lá com muito menos medo da morte. Entendia que, dentro da perspectiva do mundo dos 100%, é tudo mais profundo, e também que há um nível de proteção que não se perde, nem mesmo diante dos maiores obstáculos.

Passados alguns dias, voltei a treinar artes marciais e me inscrevi para o campeonato mundial de jiu-jítsu, que aconteceria dentro de quatro meses. O tempo era curto para o preparo adequado, mas eu sentia que tinha energia e dedicação suficientes para o desafio.

O primeiro cuidado foi improvisar um protetor para a região do fígado, porque um impacto ali significava risco de vida. Depois de diversas tentativas, encontrei uma solução inusitada: comprei uma malha de balé, com alças no ombro, coloquei espumas presas com velcro na parte que cobria o fígado. Com o quimono por cima, a proteção ficava invisível.

A rotina durante aqueles quatro meses foi árdua: musculação, alongamento, treinos diários de combate, alimentação balanceada, nada de álcool, e, é claro, exames periódicos para acompanhamento dos tumores.

Os meus companheiros me ajudaram muito e, embora pudesse contar com três mestres de artes marciais com raro talento, um em especial foi determinante. Em matéria de temperamento, o dele não era propriamente invejável, mas ele exigia sempre mais, chegando a me humilhar nos treinos, tirando de mim aquilo que eu não tinha.

Foi dessa forma que o tão esperado dia chegou. Era inverno no Rio de Janeiro, local da competição. Em uma manhã de sábado, de clima frio e seco, acordei mais cedo do que o habitual, explodindo de tensão. O nervosismo não era apenas pelos perigos envolvidos em lutar portando uma patologia e desaconselhado pelos médicos, mas também pelo fato de que eram 26 competidores em minha categoria, o que me obrigaria a vencer cinco lutas consecutivas para conquistar o título.

Eu sabia que tinha boas condições técnicas, embora, fisicamente, estivesse aquém de diversos adversários. No entanto, havia uma alternativa para controlar a tensão e chegar com sanidade à competição, que se iniciaria ao meio-dia: penetrar no mundo dos 100%.

Então, mentalizei nos portais apresentados pelo mestre Coah. A começar pela *escolha*: era claro para mim a importância das artes marciais, por tudo o que me ensinavam como postura de vida. A seguir, o **propósito**. Estava naquilo não para vencer meus adversários, ou por qualquer vaidade, mas pela superação que traz um sabor especial à vida.

Em seguida, o **refinamento** e a **permanência**. Olhei para trás e vi, como quem assiste a um filme, os milhares de dias dedicados ao autoaprimoramento na luta. Lembrei também os chamados de impermanência, que vinham através da preguiça, das contusões, de dificuldades de todo tipo, dos colegas que iam desistindo do jiu-jítsu.

Seguindo o caminho da árvore da vida, entrei em **meditação** e ali fiquei por cerca de trinta minutos, em completo silêncio. O medo começou a se esvair. Afinal, para que tanta preocupação? Por perder ou ganhar uma luta? Tudo isso se perde com o tempo. Só o que fica são as virtudes que desenvolvemos ao longo da vida.

Por último, a **disciplina** e o **amor**. Quanto à disciplina, não havia dúvida: sete anos de treinamentos diários, a submissão ao mestre, o desejo de aprender. Era clara a força da disciplina naquele momento. Mas e o amor?

Enquanto refletia, lembrei de meu pai. Havíamos brigado dois anos antes. Uma discussão desagradável, uma situação que deixou toda a família triste, mas a agressividade tinha partido dele. Era ele, portanto, quem deveria se desculpar, certo?

Seguindo uma lógica cartesiana, sim. Mas, quando percorremos o caminho da árvore da vida e o mundo dos 10% fica para trás, uma nova lógica surge: a lógica do amor. Guiados por ela, podemos pedir desculpas mesmo por algo que não fizemos, se isso for de alguma forma aproximar duas pessoas que se amam.

Tive então uma ideia: como desejava muito vencer aquela competição, fiz uma promessa. Se vencesse, iria jogar o orgulho fora e ligar para o meu pai.

Não consegui conviver cinco minutos com isso e complementei a promessa: se vencesse, iria jogar o orgulho fora e ligar para o meu pai; se não vencesse, faria o mesmo. Naquele momento, senti brotar um significado para a dimensão do amor.

# A Luta

Eram 10h30 quando saí de casa em direção ao clube onde o torneio se realizaria. Quando cheguei, fui para a pesagem e tive uma má notícia: de acordo com o sorteio, meu primeiro adversário era quem eu mais temia.

Ele havia me vencido na final do último campeonato estadual, com um golpe de judô que deixou minhas costas doendo por uma semana. Por isso, sempre que eu olhava para a lista de competidores, um feixe de nervos comprimia minhas costelas. Mas, afinal, será que era covardia reconhecer o medo? Entendi que, mesmo com tudo o que aprendera, essa é uma emoção humana. É preciso aceitá-la.

Fui chamado para o tatame e a luta começou. Haviam passado cerca de quatro minutos, de uma luta de oito, e ainda estávamos de pé, embora o jiu-jítsu se pratique predominantemente no chão. Eu não queria me arriscar a tomar, novamente, um golpe de um exímio lutador de judô.

Mas aconteceu: bastou uma distração minha e meu adversário me derrubou. O juiz sinalizou os pontos e, então, assisti a uma cena inesperada: ele gritou muito, olhando nos meus olhos, de forma acintosa. Aquilo me deixou indignado. Cansado, me coloquei em uma posição de segurança, denominada, no jiu-jítsu, "guarda fechada".

Faltavam menos de três minutos para a luta terminar. Olhei para o meu mestre, que estava do lado de fora do tatame, e ainda consegui ouvir sua voz, em meio à algazarra da torcida. Ele gritava: "Perder por dois pontos ou por mil é a mesma coisa. Solta tudo! Se você perder aqui, tem que ser finalizado. Não quero ver você com medo."

Foi o suficiente para despertar a minha alma. Lembrei-me, em um *flash*, de tudo o que tinha passado para chegar até ali: os treinamentos, as contusões, os riscos. Eu tinha a obrigação de mostrar ao menos o que aprendera, mesmo que perdesse. Então, decidi abrir mão dos cuidados defensivos e arriscar tudo, seguindo a determinação de meu mestre.

O adversário se aproveitou dessa estratégia para me atacar mais facilmente, fazendo mais pontos e se aproximando a passos largos da vitória. Faltava pouco mais de um minuto para o fim da luta e ele começou a demonstrar sinal de fadiga, por conta de toda a agitação.

Foi nesse momento que encaixei um golpe chamado "triângulo", quando as pernas prendem o pescoço do adversário junto ao seu próprio braço, causando asfixia. Ele tentou resistir. Afinal, faltavam cerca de quarenta segundos para o final da luta. Mas não poderia ficar tanto tempo sem respirar. Esperou por mais dez ou vinte segundos até que sinalizou com um gesto de desistência.

Embora chateado com o gesto de desrespeito dele, fiz questão de abraçá-lo e cumprimentá-lo. Meu mestre de jiu-jítsu sempre colocou os valores morais na frente das questões competitivas e isso estava impregnado em todos os atletas por ele treinados.

Depois dessa, venci as lutas seguintes, e, quando me dei conta, estava na final. Conhecia o lutador que eu enfrentaria, sabia de suas qualidades. Era bem preparado, tinha ótima técnica e, dos 26 lutadores ali presentes, o mais forte.

O alto-falante do estádio nos chamou e iniciamos a luta, com um clima de nervosismo que se manteve do início ao fim. Em nenhum momento, um conseguiu ser superior ao outro e a luta final terminou empatada por pontos. O juiz escolheu dar a vitória a mim, mas, se o empate existisse nessas competições, teria sido o resultado mais justo.

Meu mestre entrou no tatame e me deu um enorme abraço, quase me sufocando. A vitória representava a concretização de um sonho. E talvez seja esse um dos maiores motivadores de nossa existência: buscar a realização de nossos sonhos. E a faixa preta se materializou.

Mas nunca me ludibriei com tal conquista. Sou realista o suficiente para reconhecer que não tenho talento para o enfrentamento físico. Se por meio dele pude concretizar um sonho, isso se devia a fatores de ordem do mundo dos 100%.

Durante toda aquela competição, foquei na força divina. Inspirado pelo que aprendi no templo, pude perceber toda a ilusão a nossa volta. E Coah me ensinou: "A diferença não está entre vencer ou perder, mas sim na maneira pela qual vencemos ou perdemos."

Mesmo que eu tivesse perdido, como aconteceu em tantas outras ocasiões, aprendi o fundamental: os que não deixam as tentações privarem seus valores, estes sim são os vencedores.

# Disciplina e Amor

Quando cheguei em casa, minha família estava eufórica. Mas, dizimado pelo cansaço, não tive forças para comemorar. O valor da disciplina estava bem claro. Entendi agora o porquê de Rav Coah ter me orientado a ir até o fim com aquilo tudo. E sobre o amor?

Havia algo a ser concluído. Tinha feito uma promessa: vencendo ou perdendo, ligaria para meu pai, que morava, naquela época, nos Estados Unidos. Já estávamos há quase dois anos sem qualquer contato. Para mim era difícil me desprover do orgulho. Talvez você já tenha passado por algo semelhante e entenda o que estou falando, principalmente quando se trata de rompimento com uma pessoa amada.

Quando ele atendeu e ouviu a minha voz, uma emoção imensa tomou conta de nós dois, ambos estávamos com a voz embargada. Embora resistíssemos, a vontade de chorar e desabar tomava conta de nós.

Conversamos por um longo tempo, sem jamais comentar os motivos que levaram àquele rompimento. E de que adiantaria? As pessoas têm seus momentos ruins, falam coisas terríveis, mas para todas elas existe um antídoto infalível: o amor.

O fato é que, muito mais do que a medalha de ouro, aquela reaproximação me encheu de alegria e nunca mais tive qualquer problema de relacionamento com meu pai. Finalmente, compreendia o valor da última palavra-chave ensinada por Coah.

Depois de um dia tão repleto de aprendizados, dormi 14 horas consecutivas. Quando acordei, na manhã do dia seguinte, lembrei que Rav Coah me deixara uma carta. Era hora de abri-la.

# Capítulo 6

# ENTENDIMENTO E SABEDORIA
## {BINÁ E CHOCHMÁ}

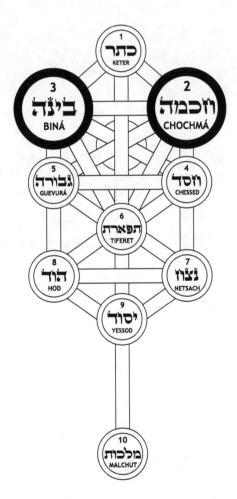

# Uma Nova Carta

Me dirigi a um cômodo vazio de minha casa e abri cuidadosamente a carta deixada por Coah. Parecia ser costume dos mestres deixar mensagens escritas, uma vez que Nerruniá, também por intermédio de uma carta, me apontara um caminho, agora sem retorno.

Procurando conter a ansiedade, antes de abrir a carta recitei a oração Ana Becoah, que se tornara uma aliada nos mais marcantes momentos. Podia sentir a imensa força dessa oração cabalística: cada palavra pronunciada, uma conexão com a luz superior. Escrita à mão, a carta dizia:

*"Sua jornada não terminou com esta visita ao templo. Muito pelo contrário, apenas começou. Sei que é um buscador e não descansará enquanto não trouxer luz a uma pergunta que tanto lhe atormenta, sobre o sentido da vida e da morte.*

*No tempo em que estivemos juntos, você pôde entender a diferença entre o mundo dos 10% e o mundo dos 100%. Tivemos a oportunidade de percorrer 70% da árvore da vida. Essas sete palavras-chave precisam se tornar um mantra. Devem ser estudadas, repetidas, colocadas em prática. O ser humano que percorre esse caminho, de verdade, vai encontrar um artigo cada vez mais escasso em tempos modernos: a felicidade.*

*Porém, além da felicidade, existe a realização. Esta não é para todos. Uma total dedicação é exigida para se atingirem os últimos 30% da árvore da vida. São portas de acesso para esferas de rara beleza da existência e poucos foram os que chegaram a esses domínios.*

*Não tenho como lhe ensinar sobre isso. Você terá que percorrer o caminho por muitos anos e, se for vontade do Eterno, será agraciado com a visão sublime. Deixo aqui, entretanto, as palavras-chave das duas próximas dimensões:* **Entendimento** *e* **Sabedoria**.

*O* **Entendimento** *vem pelo estudo. Nesse caso, um caminho autêntico é fundamental. Você seguirá o caminho da Cabala, não que seja o único, mas é o mais antigo. Dedique-se à decodificação dos textos, em especial a Torá, o Zohar e o Sefer Ietsirá. O contato com essas obras lhe trará grandes respostas e também o despertar do eu superior.*

*Já a* **Sabedoria** *é a experiência pura, sem interferência do intelecto. É por meio dela que você pode ter contato com a verdade. A mente humana não pode chegar a isso. Quem atinge esse ponto recebe também o dom da profecia. Seu mestre Nerruniá, de todos os que ensinei por cinquenta anos, foi o que tinha esse dom mais apurado: um profeta raro na história da humanidade.*

*Você terá a missão de levar adiante todo o conhecimento que adquiriu com Nerruniá e comigo, e que ainda vai adquirir no contato com outros mestres, físicos e não físicos. Isso, a princípio, será instigante, mas com o passar do tempo você vai descobrir sobre a real responsabilidade de sua missão e vai precisar buscar novas forças para dar prosseguimento a esse trabalho.*

*Quando sentir um peso em seus ombros, lembre-se de um ingrediente fundamental nesse caminho, sem o qual a subida na árvore da vida é impossível: a alegria.*

*Sobre a última palavra-chave? Ela chegará a você por intermédio do destino. E não se esqueça de cumprir suas promessas. Pendências geram uma energia negativa. E, quando se trata de promessas em um leito de morte, isso é ainda mais relevante!"*

# Em Busca de Entendimento

Embora eu tivesse lido apenas uma página de papel escrita à mão, muita informação precisava ser digerida: duas novas palavras-chave, uma missão a desenvolver e uma promessa. Precisava trabalhar em uma coisa de cada vez e a primeira que me veio à cabeça foi justamente a promessa.

A que ele estaria se referindo? Passei horas meditando sobre o tema, até que me lembrei de uma cena que presenciei alguns anos antes. E aquela lembrança fazia doer meu coração: o momento da passagem de meu mestre Nerruniá.

Ele estava há semanas no CTI e só descansou depois que eu prometi cuidar de seu netinho. Os anos se passaram e, após longa procura infrutífera, acabei por esquecer minha promessa.

Uma reflexão adicional foi inevitável: se fui eu o último a falar com Rav Nerruniá, como Coah sabia daquilo tudo? Concluí que ele se utilizara do dom da profecia: captou a promessa feita no leito de morte, o que reforçava ainda mais minha responsabilidade diante do tema.

Voltei a procurar o menino, dessa vez com mais empenho. Entretanto, tentar encontrar uma criança sem ao menos um sobrenome, em uma cidade de seis milhões de habitantes, é como procurar uma agulha em um palheiro. E, depois de inúmeras tentativas sem sucesso, fiquei novamente sem uma direção.

Mas a vida precisava seguir e Coah falava de uma missão. O xamã siberiano também havia mencionado tal missão. Assim, acabei me convencendo de que precisava dar uma chance ao destino.

Comecei diminuindo significativamente as atividades em minha empresa de informática, permanecendo apenas com os clientes que trouxessem também qualidade do relacionamento. Também precisei parar com a luta, porque os tumores cresciam e o risco de hemorragia diante do contato físico era grande.

Guiado pela oitava palavra-chave, entendimento, parti em busca de estudo. Ingressei em uma escola de Cabala, onde pude aprimorar o conhecimento formal sobre essa sabedoria pelas mãos de Rav M., que foi um mestre querido e atencioso, além de um autêntico companheiro de caminhada. Durante esse período, estive ainda em contato com muitos outros mestres, de diversas tradições espirituais, entre elas o xamanismo e o espiritismo.

Alguns anos se passaram. As revelações foram muitas e, incentivado por amigos, decidi abrir um curso de Cabala para iniciantes. Após uma breve divulgação informal, nove pessoas se inscreveram e o curso começou no dia 16 de fevereiro de 2005. O resultado foi impactante: todos os presentes sentiram uma energia superior transformando suas vidas. E eu também senti.

O destino costuma apontar com sinais e só o que tive que fazer foi caminhar na direção chamada. As turmas foram crescendo e, em alguns anos, já havia ministrado aulas para milhares de pessoas, em todo o país.

Aliado a tudo isso, tínhamos os rituais cabalísticos, que traziam uma informação distinta, alimentando a alma, mais que a mente.

Vieram os livros, um trabalho engajado com a filantropia e, quando me dei conta, havíamos criado um verdadeiro portal para o desenvolvimento espiritual.

O crescimento trazia desafios, que envolviam desde questões operacionais — nada agradáveis para quem deseja se dedicar ao conhecimento — até o enfrentamento de energias de oposição, físicas e não físicas, que exigem um comprometimento ainda maior com a força superior para serem vencidas.

Em anos dedicados à Cabala e à espiritualidade em geral, respostas chegaram, muitas pessoas foram beneficiadas, mas à pergunta que mudara o rumo de minha vida, ainda não conseguia responder: "Qual o significado de uma vida que se esvai a qualquer instante?"

Questões como essa nos levam também à reflexão sobre o propósito pelo qual habitamos um planeta no qual um devora o outro para sobreviver. E trazem estímulo ainda maior para um mergulho em um caminho espiritual autêntico. Mergulhei na Cabala, mais especificamente, nos códigos da Torá.

A Torá, quando decodificada, é capaz de transformar vidas. É veículo, também, de muitas respostas: a lei de causa e efeito, a presença de Deus em tudo, as técnicas de purificação, a saída de um mundo de escravidão, representada pelo "Egito", que também é um código, e tantas outras informações preciosas.

Para mergulhar na Torá e abrir os portais mais elevados da árvore da vida, precisei aprender a vencer as forças contrárias, que nos afastam do que realmente importa, trazendo a ilusão de que as questões mundanas do dia a dia são as essenciais: meu emprego, minha vida afetiva, minha situação econômica etc. E assim se desperdiça a mesma energia que poderia ser utilizada para conhecer os grandes mistérios da existência.

Entre tantos e iluminados códigos da Torá, um em especial pode abrir as portas do entendimento: o 666.

# 666

Todos os dez mandamentos são codificados. Poucos são os que sabem disso, uma vez que se trata de um código de 3.500 anos. Três deles, em especial, falam sobre a entrada da negatividade em nossa vida: o sexto, o sétimo e o oitavo. No original em hebraico, cada um deles possui exatamente seis letras, dando origem à mística do 666. Assim são escritos:

6º mandamento — Não matarás (לא תרצח)

7º mandamento — Não adulterarás (לא תנאף)

8º mandamento — Não roubarás (לא תגנב)

Não é coincidência: esses três mandamentos são apresentados de forma consecutiva, a partir do sexto, com seis letras cada um. Falam, na verdade, sobre algo ainda muito mais profundo.

## 6º MANDAMENTO: "NÃO MATARÁS"

Este mandamento tem uma relação direta com a força das palavras, pois a Cabala explica que a palavra negativa gera uma energia carregada de mortificação. Ainda que não seja visível, depois de proferida, se espalha pelo mundo e não retorna mais, como uma árvore que cresce a partir de suas raízes.

Esse é um princípio universal da espiritualidade: mude a qualidade das palavras que você fala e ouve, e sua vida se transformará por completo. Infelizmente, poucos se dão conta disso. Quanta negatividade deixaria de existir, se fechada a porta da maledicência!

## 7º MANDAMENTO: "NÃO ADULTERARÁS"

O sétimo mandamento fala dos riscos envolvidos com a quebra de um pacto. É mais profundo do que a interpretação usual, associada à culpa. O recado aqui é: tenha cuidado especial com tudo aquilo que você compactua, pois uma porta para a negatividade se abre no momento em que se estabelece um pacto sem condições de cumpri-lo.

## 8º MANDAMENTO: "NÃO ROUBARÁS"

O oitavo mandamento fala, mais do que do roubo físico, do roubo energético, que ocorre pela inveja e por outras manifestações do desejo egoísta.

Esse é um ponto crucial, porque mesmo o desenvolvimento da espiritualidade, se for apenas pelo acúmulo de conhecimento, de nada adiantará. Somente quando assimilado com altruísmo pode abrir portas iluminadas.

Entre os tantos e iluminados códigos da Torá, aos quais pude ter acesso, estes marcaram minha caminhada, me obrigando a denotar especial atenção a eles, porque falam sobre três portas preciosas, para as quais precisamos reservar especial atenção:

. o cuidado com as palavras;

. o compromisso com a verdade;

. o desejo de receber para compartilhar.

# A Sabedoria

O entendimento traz respostas e regras de conduta que ajudam a desenvolver virtudes, capazes de mudar nossa maneira de enxergar a vida. No meu caso, anos de estudo e dedicação foram necessários para abrir o acesso a esta oitava dimensão, relacionada ao entendimento: *Biná*.

Mas, além do entendimento, existe a sabedoria. Quando o estudo precisa dar lugar à experiência real. A nona dimensão, *Chochmá*, fala desse nível de experiência: a sabedoria pura.

Ao acessar essa esfera, descobri que até mesmo a morte pode se tornar uma experiência meditativa. Esse aprendizado chegou através de um episódio de rara emoção, inesquecível.

Estava em Teresópolis, em um refúgio nas montanhas, cercado da mais imponente natureza, em estado de absoluta plenitude e conexão com o presente, acendendo a vela de encerramento do *Shabat*. Estranhamente, comecei a tossir, compulsivamente. Em seguida, recebi um telefonema da família de um aluno — aliás, mais que um aluno, um discípulo de rara sensibilidade e dedicação ao caminho, que acabara de entrar infartado no hospital, no Rio de Janeiro.

Planejava uma visita, mas, como estava doente e ainda tinha que conduzir um ritual cabalístico em São Paulo na noite seguinte, preferi falar com ele pelo telefone.

Senti que meu aluno estava nervoso diante da perspectiva de uma cirurgia imediata para a colocação de pontes de safena. Por isso, procurei animá-lo. Lembrei a ele que seu nome era José, nome de um homem destemido, guiado pela força de Deus. Curiosamente, havíamos estudado naquela semana a porção final de José na Torá.

A operação foi muito bem-sucedida, tanto que no dia seguinte ele já caminhava no CTI, conquistando as enfermeiras com sua simpatia característica. Cinco dias se passaram e na sexta-feira seguinte, ao entardecer, acendi as velas de *Shabat*, que trouxeram o sopro da intuição: era um chamado de José. Liguei para o hospital e seu filho, com a voz chorosa, me disse que, de forma repentina, José contraíra uma infecção e que, desde então, seu estado de saúde piorara drasticamente.

Perguntei se poderia visitá-lo, ainda que acometido de uma severa gripe e, mesmo diante da negativa, fui para o hospital. Uma coisa que a maturidade espiritual nos ensina é que precisamos aprender a escutar o chamado, mesmo quando ele contraria as leis da lógica aparente.

Ao chegar, cumprimentei a família e logo entrei no box oito do CTI. Mais uma vez, o número oito estava diante de mim. Pelo olhar dos médicos, pude perceber a gravidade da situação. Era inevitável a comparação com meu mestre Nerruniá, que partira deste mundo também na noite de *Shabat*.

Comecei com os procedimentos que utilizamos na Cabala, não sem antes trajar a *Kipá*, pequena boina que colocamos no alto da cabeça, para nos lembrar da real origem de nossa força neste mundo, e também o *Talit*, manto composto de fios dispostos em uma numerologia especial, que tem a propriedade de trazer a energia da Torá para o nosso corpo. Então iniciei uma sequência de orações e conexões com anjos específicos, em busca de uma cura milagrosa.

Ritual feito, saí do box para dar oportunidade de visita a familiares e me sentei na sala de espera. Já estava pronto para me despedir, quando senti uma estranha força me puxando para dentro do CTI novamente.

Os chamados silenciosos são sempre os mais imponentes, uma vez que não passam pela mente cognitiva, acometida de intermináveis dúvidas. Pedi licença à família que, por saber do imenso vínculo mestre-discípulo existente entre nós, permitiu minha entrada pela segunda vez.

Desta vez, entretanto, foi tudo diferente: abandonei os roteiros e disse a ele, em bom e amável português: "Você é meu discípulo, meu amigo, meu irmão, e quero que saiba que voltei aqui para lhe acompanhar nesta passagem. Você está pronto?"

Notável ainda o fato de, três dias antes de dar entrada no hospital, José ter me procurado para o início daquela que seria sua última aula de Torá. Não me lembro de fato semelhante ter ocorrido anteriormente.

Como aluno diferenciado que era, ele habitualmente preferia dar oportunidade, naqueles poucos minutos disponíveis que antecediam as aulas, para outros que tivessem maior urgência em um aconselhamento. No entanto, naquele dia ele veio a mim e proferiu as seguintes palavras:

"Mestre, você sabe o quanto este caminho tem sido importante para mim. Estou muito feliz que, a essa altura de minha vida, aos 75 anos, tenha o privilégio de participar de estudos tão elevados. Pode estar certo de que esses três anos que integro esse grupo foram, para mim, o despertar da consciência e o ingresso no caminho da Luz. Hoje lhe digo que tenho uma única pendência a resolver, o que deve acontecer dentro de algumas semanas. Então poderei lhe dizer que estarei na mais intensa plenitude em minha vida."

Olhei-o no fundo de seus olhos e lhe respondi:

"José, você está me dizendo que precisa de algum evento externo, que vai acontecer em 15 ou 20 dias, para sua vida ficar perfeita? Então me diz também que esse momento não é perfeito, é isso mesmo? Você realmente precisa de algum acontecimento externo para encontrar a plenitude?"

Com a virtude que só os reais discípulos possuem, a submissão, ele se calou. Logo começaríamos nossa aula, falando exatamente sobre a saga do personagem bíblico José, que passou provações como nenhum outro, mas jamais esmoreceu. Nunca deixou de revelar a Luz que vem com a oportunidade da vida. Mesmo na prisão, injustamente acusado e julgado, o herdeiro do patriarcado de Jacó fez amigos e se mostrou útil.

Ao terminar a aula, o aluno José me procurou novamente e disse, com um sorriso estampado no rosto: "Tudo o que preciso nesta vida eu tenho. Este momento não poderia ser mais milagroso. Todos nesta sala respirando, estudando a Torá sagrada. Finalmente posso lhe dizer que percebo, absolutamente, a bênção advinda de uma vida focada no presente."

Alguns dias depois, lá estávamos os dois juntos, diante de um momento inesperado, difícil, mas não estávamos sós. Éramos guiados por uma força muito maior. Comecei a recitar, em voz sussurrada, a oração *Shemá Israel*.

Essa oração, preciosidade da sabedoria cabalística, costuma ser recitada após a partida de um ser deste mundo. Não obstante, em momentos permeados de verdade e amor como esses, os protocolos têm mínima valia. E exatamente por isso, seguindo a orientação dos mestres espirituais que ali se faziam presentes, continuei recitando-a repetidamente. Foi dessa forma que José se despediu deste mundo.

Ainda hoje guardo com vivacidade a lembrança do semblante de paz e alegria em seus momentos finais em nosso transitório planeta. A beleza de uma passagem que se transformou em um ritual sagrado de despedida. Sabemos que poucas são as pessoas que deixam este mundo dessa forma: em estado de graça, envoltas em proteção.

Experiências dessa esfera são maravilhosas, revigorantes, porque não são mentais. Vêm através de um contato real e inquestionável, que só acontece quando a experiência se torna real.

# O Dom Profético

Ainda neste terreno, muito aprendi com o meu mestre e profeta Nerruniá. Junto a ele, pude testemunhar momentos de rara sabedoria, tanto em rituais mágicos quanto o acompanhando em suas profecias.

Descobri que essa dimensão é atingida por pouquíssimas pessoas, porque a real experiência da sabedoria e a da profecia somente podem ser alcançadas se desenvolvermos a virtude da autoanulação: quando o peso do ego se esvai e assim deixa de existir aquele conceito de "Como estou feliz que as coisas estão tão bem para mim!" ou "Como estou triste porque as coisas não acontecem como eu gostaria!"

Quando o ego é anulado, a sensação de liberdade é total. São *flashes* que trazem um sabor totalmente especial à existência. Difícil explicar intelectualmente algo que se estabelece através da mais pura experiência: pelo fogo apaixonado da transformação.

Tudo o que eu tinha aprendido era profundo, repleto de significado e trazia um novo sentido à existência. Mas ainda não havia encontrado a resposta para a pergunta que mudara, por completo, o rumo de minha vida. No íntimo, sabia que não descansaria enquanto não me aproximasse dela. No mais, ainda havia uma promessa a ser cumprida.

# Capítulo 7

# O MILAGRE
## {KETER}

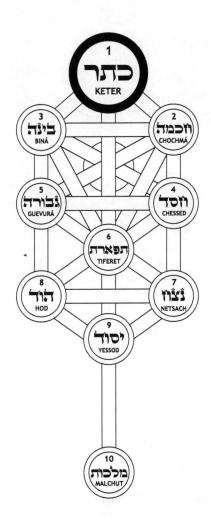

# Última Dimensão — Keter

O caminho trilhado a partir da árvore da vida trouxe uma nova luz à existência. Descobri também que reflexões periódicas sobre as palavras-chave são imensamente restauradoras.

A começar pela ***escolha*** e a percepção de que cada momento oferece sempre duas opções: a vida, aqui e agora, ou deixar a oportunidade passar. Logo a seguir, vem o ***propósito***. Quando temos algo pelo qual valha a pena viver, nos tornamos muito mais fortes para vencer os obstáculos que invariavelmente surgem pelo caminho.

Em seguida, a maturidade para buscar o equilíbrio entre duas virtudes aparentemente antagônicas: o ***refinamento*** e a ***permanência***. Por um lado, um aprimoramento constante e diário, mesmo que nos menores detalhes. Por outro, a sabedoria para perceber que alguns frutos precisam de tempo para serem colhidos.

Ao chegar à **meditação**, aprendi a silenciar e comungar de um local de paz, que recarrega as baterias da alma.

Ao passar pela ***disciplina*** e pelo ***amor***, mais uma vez aprendi a dosar e equilibrar virtudes que pareciam opostas, mas, na verdade, são complementares. Ainda que empenho e dedicação sejam fundamentais, resultados mais expressivos são obtidos quando somos conduzidos pela inspiração amorosa.

Para quem percorre estas sete etapas, as portas da felicidade se abrem. Mas há quem possua um desejo por algo ainda maior: conhecer os grandes mistérios da criação.

Para esses, a árvore da vida continua, por meio do **entendimento** e da **sabedoria**, duas palavras-chave que também precisam ser equilibradas. O estudo sobre os mistérios da criação é fascinante, mas somente se consolida com a experiência não cognitiva.

Ainda faltava uma dimensão, e sobre ela Coah não deixara qualquer sinal. Ele apenas me garantiu que o destino se encarregaria de fazê-lo. E isso já era uma determinação forte para que eu aguardasse o momento certo. De alguma forma, eu sentia que ele me conduziria, mesmo que pelas vias do invisível.

Olhei para o relógio que ele me dera de presente no templo. Mais de uma vez, tive o pressentimento de que havia algo a mais ali do que um simples presente. Olhava para ele e sentia uma sutil inspiração.

Lembrei-me de um ensinamento de Rav Nerruniá, que falava sobre corpos astrais. Eram informações de tão elevado grau de refinamento que, quando as recebi, sabia que não tinha ainda o receptor para compreendê-las.

# Corpos Astrais

Nerruniá era um grande conhecedor das ciências antigas. Estudara profundamente sobre o judaísmo, o catolicismo, o candomblé e a umbanda e, é claro, era também um mestre da Cabala.

Uma vez, precisei muito de sua ajuda, porque eu estava sendo pressionado pelo maior cliente da minha empresa de informática. Sofria com uma concorrência desleal, e, como a situação envolvia pessoas bem pesadas energeticamente, a situação se tornou perigosa.

O profeta viu tudo antes mesmo de eu contar para ele: as pessoas envolvidas, a má intenção por trás dos problemas aparentes e, pela primeira vez em mais de dez anos como meu mestre, sugeriu que fizéssemos algo ligado às artes mágicas, para que eu buscasse uma proteção superior.

Era uma noite de terça-feira e nos encontramos no bairro de Jacarepaguá, no Rio de Janeiro, em uma região afastada. Se não fosse pela confiança que meu mestre inspirava, eu estaria bastante apreensivo.

Ainda que não possa revelar os detalhes do que se passou entre nós, posso afirmar que aquele era mesmo um homem de Deus. Seu conhecimento das artes mágicas impressionariam até as pessoas com mais intimidade nesse ramo.

Naquela noite tivemos tempo para conversar sobre ensinamentos ocultos aos quais ele teve acesso. Um em especial me deixou intrigado: falava sobre a tradição da Santa Ceia, como é denominada a última refeição de Jesus junto a seus discípulos, feito que acabou dando origem a ritos, sacramentos e dogmas.

Essa tradição, por si só, foi a responsável pela separação entre igrejas e pela criação de diversas seitas. Milhares de pessoas foram mortas simplesmente porque se recusaram a aceitar uma determinada interpretação, que sempre esteve longe de retratar a realidade. O fato é que quase ninguém sabe o que de fato ocorreu entre Jesus e seus discípulos naquela noite.

O desconhecimento ocorre por diversas razões. Uma delas foi o fato de o Evangelho ter sido alterado e adaptado às necessidades do clero comandante da igreja nas épocas que se seguiram.

Uma segunda razão, ainda mais relevante, é que o texto foi escrito para ser lido por iniciados, pessoas de fato preparadas para entendê-lo, assim como a Torá e outros textos sagrados. As escrituras são como o incenso, que precisa ser aceso para distribuir o poder de seu aroma.

Já adentrávamos a madrugada quando Nerruniá falou a respeito de corpos astrais, revelando que os seres humanos que possuem um corpo astral desenvolvido podem se comunicar uns com os outros à distância, sem qualquer contato físico. No entanto, para que essa comunicação aconteça, é necessária uma ligação entre eles, que muitas vezes é estabelecida por intermédio de um objeto.

Assim, quando se separam, uma pessoa leva com ela um objeto que tenha pertencido a outra. Esse objeto, preferencialmente, deve ter estado em contato com o corpo da pessoa que o possuía, porque, dessa forma, ele estará impregnado daquela energia.

Para manter a relação com os mortos, os iniciados também guardavam objetos que pertenceram a essas pessoas. Isso deixaria uma espécie de rastro, como um filamento invisível, estendido além do plano perceptível pelos nossos sentidos comuns. São esses fios que fazem a ligação com a pessoa à qual o objeto pertencia, seja ela viva ou morta.

Esse é um conhecimento secreto, antigo, e os homens faziam uso dele para os mais diversos fins de ordem espiritual. Entre eles, o rito da irmandade de sangue. Nesse rito, duas ou mais pessoas misturam seu sangue em um mesmo recipiente e então o bebem. A partir daí, se consideram irmãos de sangue. Trata-se de uma cerimônia mágica que visa a estabelecer uma ligação entre corpos astrais.

O sangue tem qualidades únicas e a ele são atribuídas propriedades mágicas por diversos povos. De acordo com a crença deles, uma vez estabelecida uma ligação entre corpos astrais, ela não poderá mais ser destruída pela morte física do corpo.

Embora a Cabala não proponha rituais com essa finalidade, é curioso observar que os cabalistas não comem carne sem limpá-la previamente de todo e qualquer vestígio de sangue. Exatamente para que não se estabeleça esse tipo de vínculo com a alma do animal ingerido.

Aquela era uma noite mágica e eu estava ansioso com cada palavra que meu mestre pronunciava, antevendo a transmissão de ensinamentos de intensa profundidade. Percebendo meu estado de espírito, ele sorriu e revelou ter mencionado todas aquelas questões não porque tivessem especial utilidade em nossa vida espiritual prática, mas para me explicar o que teria acontecido, de acordo com manuscritos escondidos por milênios, na antológica noite da Santa Ceia.

O fato é que Jesus era também um profeta. Por isso, já sabia que iria morrer. Não apenas ele tinha essa informação, mas também seus discípulos, que já tinham consciência do legado que herdariam e ao qual precisavam dar prosseguimento. Por esse motivo, queriam estabelecer uma ligação permanente com Jesus. E, assim, beberam seu sangue.

Segundo Nerruniá, a Santa Ceia teria sido um rito similar à irmandade de sangue, com o objetivo de estabelecer uma ligação entre corpos astrais. É claro que isso jamais seria aceito ou compreendido pelas religiões oficiais, que transformaram o sentido original de quase tudo.

Ao lembrar dessas informações, agora com um novo entendimento, percebi que o relógio com pulseira de couro e corpo em metal, que havia recebido das mãos de Rav Coach, mais do que um presente, era um veículo de comunicação com a sabedoria pura.

Passaram-se sete dias e, novamente, me vi diante de um fenômeno inexplicável. Recebi uma carta, de fora do Brasil. O remetente era Yacov e me dizia que Rav Coah tinha feito a sua passagem, exatos sete dias antes. Dizia também que ele mandara um recado para mim: a partir daquele momento, do mundo invisível, ele me ajudaria a completar o caminho da árvore da vida.

Não tirei mais o relógio do pulso e prossegui nessa caminhada, com ainda mais afinco. Guiado pela sabedoria dos mestres, chegou o dia em que eu estava finalizando um de meus livros. O de maior teor mágico de todos os que eu tinha escrito até aquele momento: falava sobre os anjos.

## Muito Além da Estatística

Era uma manhã do dia 8 de fevereiro, quando recebi de minha editora a última prova do livro *A Força — o poder dos anjos da Cabala*. Estávamos a poucas semanas de lançá-lo e o prazo era muito apertado. Minha função ali era somente dar a aprovação final. Entretanto, no momento em que já estava assinando a liberação do livro, senti o sopro da intuição.

Até então, o livro terminava com um relato sobre Thomas Edison: um gênio memorável da humanidade, um dos responsáveis pelo elevado grau de desenvolvimento tecnológico que hoje encontramos em nosso mundo.

Porém, o sopro me dizia: "Um livro místico como este, que revela segredos milenares sobre as conexões com os anjos, precisa ter um final diferente." Fechei os olhos e continuei a ouvir o recado: "Você precisa acabar como começou, falando de seu mestre: Rav Nerruniá."

O recado era mesmo precioso. O livro precisava terminar com a presença de meu inesquecível mestre, um profeta como jamais encontrei outro em toda a minha vida. Era hora de falar sobre sua despedida, também profetizada por ele, com muitos anos de antecedência. Naquele instante, comecei a escrever um novo encerramento para o livro, o qual denominei "O último encontro".

Relatei os momentos finais de meu mestre, poucos dias após ele ter completado seus 72 anos de vida. Escrevi sobre minha aflição, ao receber o aviso de sua internação, porque recordei que essa era a idade com a qual ele havia profetizado sua despedida do mundo. Curiosamente, era também o número dos anjos cabalísticos tratados no livro.

Escrevi também sobre a promessa que lhe fiz no leito de morte, quando "começamos a conversar". Embora ele estivesse em coma profundo, o contato foi intenso. Ele amava muito aquele menino e, compreendendo o que se passava, prometi me encarregar de jamais deixar faltar condições para que ele se desenvolvesse. Foi após essa conversa que ele partiu. Nossa despedida não poderia ter sido mais emocionante, e foi escrevendo sobre ela que encerrei o livro dos anjos.

Entreguei a versão final à editora, com o coração apertado por ter perdido o paradeiro de todos que moravam com ele. Foram oito anos de procura infrutífera e jamais encontrei um único rastro daquela família.

Eu carregava um sentimento de culpa por isso, já que uma promessa feita no leito de morte é algo que precisa ser levado muito a sério. Aprenderia sobre isso com o próprio mestre dele, Rav Coah. Mas, o que poderia eu fazer, exceto orar para que o menino estivesse bem? Escrevi, assim mesmo, a última página do livro.

À noite, quando cheguei em casa, recebi um telefonema da única pessoa que ainda me ligava ao mestre. Um discípulo antigo, homem trabalhador e de uma dignidade ímpar, que mantinha um emprego em um escritório de advocacia no Centro do Rio de Janeiro. Do outro lado da linha, ele me disse: "Amigo, você não sabe o que me aconteceu hoje pela manhã! Eu estava caminhando no Centro do Rio, em meio a uma confusão imensa, quando bati, ombro a ombro, com o pai da criança que você procura há anos." O esforço que eu fiz para me conter foi grande: "Mas como foi isso? Conta melhor!", eu falava excitado, do outro lado da linha.

Walter também parecia elétrico: "O jovem se entregou de vez às drogas. Está viciado em crack e mal me reconheceu. Mora pelas ruas do Rio, mas com muito esforço consegui falar de seu filho, com o qual ele não tem mais contato. Ainda assim, sabe-se lá como, ele tinha o telefone da mãe do menino e passou para mim."

Em menos de 24 horas, consegui contatar a criança, que vivia com a mãe, em situação de dificuldade, a qual tive o imenso prazer de abrandar. Uma alegria sem tamanho tomava conta de mim.

Após oito anos de procura, o milagre aconteceu no mesmo dia em que recebi um sopro para homenagear o mestre, no final de um livro mágico. Mais ainda: no momento exato em que eu escrevia a última folha, Walter trombava com o pai do menino no superlotado Centro do Rio de Janeiro!

Histórias como essa acontecem em todos os cantos do mundo e jamais aparecem nas revistas, nos telenoticiários ou nos jornais. Não aparecem porque se trata de uma informação refinada, específica para aqueles que decidem conhecer as esferas mais elevadas da existência.

Relatos da família Fox, da vida dos mestres, profecias impressionantes, curas impossíveis, fenômenos de materialização, sincronicidades inexplicáveis e, também, uma experiência como essa, a qual estatística alguma diria ser possível acontecer. Provas cabais de uma força mágica, amorosa e divina chamada milagre.

Era essa a última palavra-chave, a qual Coah garantiu que chegaria a mim por obra do destino: *milagre*. O mundo dos 100% é uma experiência totalmente distinta do mundo dos 10%. E, quando percorremos o caminho total da árvore da vida, as leis também se transformam, mesmo as mais imponentes leis da física, como a gravidade.

Mas ainda tinha uma pergunta a ser respondida e parti em busca de novas experiências.

# Vida após a Vida

A primeira foi com uma médium brasileira, chamada Célia. Era difícil encontrar alguém com seu grau de precisão e detalhamento. Célia recebia mensagens e as transmitia às pessoas, superando tudo o que já se viu no território do não manifesto.

Uma vez, Chico Xavier fez questão de enviar uma representante sua em uma das reuniões de entrega de mensagens. Célia registrou a presença da representante de Chico e pediu que ela utilizasse o microfone para se dirigir ao público presente. Ela transmitiu um recado de Chico, que recomendava que todos aproveitassem ao máximo a oportunidade de conviver com aquela que ele considerava a maior médium do mundo.

Como autêntica transmissora do mundo espiritual, ela jamais demonstrou qualquer vaidade a respeito de seu dom, sempre afirmando, com franqueza, ser apenas uma transmissora: "Sou apenas o rádio. Sei até que sou um bom rádio, mas não sou eu quem faz a seleção das músicas, nem a programação da emissora. Eu apenas repito o que me é dito. Não decido nada, apenas cumpro ordens."

O argumento da telepatia, utilizado pelos céticos, se desmoronava frente à precisão de Célia. Em inúmeros momentos ela transmitia informações que as próprias pessoas ali presentes desconheciam.

Uma situação que desabonou por completo a teoria da telepatia aconteceu com uma senhora que recebia a mensagem psicografada.

O parente que assinava a mensagem mandava lembranças nominais a diversas pessoas, as quais a senhora ia identificando, até que Célia mencionou um nome que ela não reconheceu.

Célia parou por um momento, como que escutando o que soava dentro de seu cérebro. Depois de instantes, sorriu e disse à senhora: "Já sei o que houve. Você não mora no endereço tal?" "Moro sim", respondeu a senhora. "Pois é, esta energia que você não conhece sabe que você mora no mesmo condomínio que a mãe dela, só que em outro bloco. Ela lhe pede a gentileza de, quando voltar para casa, ir até esse apartamento e dizer que o Fulano está bem, mais vivo do que nunca", essa era uma expressão comum nos recados.

A senhora puxou uma caneta e um papel e pediu que Célia repetisse o bloco e o apartamento, o que ela fez de imediato. Como poderia uma pessoa transmitir telepaticamente para Célia informações a respeito de condôminos que ela própria desconhecia? E como uma energia que ela também não conhecia iria saber seu endereço?

A médium explicou que toda essa paranormalidade, que tanto nos impressiona, é extremamente simples de se realizar no plano espiritual: existe um registro astral, onde todas as informações estão armazenadas, e algumas pessoas conseguem ter acesso a esses registros.

A explicação é a mesma dada pela Cabala, a qual revela que a existência é composta de quatro planos: emanação, criação, formação e ação. Nossos sentidos comuns só percebem o plano final, da ação, mas a maior parte do que se passa na existência fica registrada no plano invisível da formação.

Esses fenômenos, longe de serem exclusividade da médium, são testemunhados igualmente em diversos outros centros devotados ao desenvolvimento espiritual, entre eles o Lar de Frei Luiz, no Rio de Janeiro. Tive a oportunidade de conhecer este e outros templos de imensa relevância, onde acontecem fenômenos de materialização em quantidade abundante.

No Santuário da Luz, em Campinas, também são materializados objetos diversos. Fenômenos como objetos caindo do teto e surgindo das paredes da casa foram ali testemunhados por milhares de pessoas. Uma atriz muito conhecida testemunhou várias vezes a força das médiuns que ali se encontram: "Estrela, cruz, medalhas, pergaminhos antigos... Tudo vai caindo no chão."

Mais importante do que uma explicação intelectual para esses fenômenos mediúnicos é a compreensão de que aquilo que acreditamos ser a realidade, o que é visto por nossa limitada percepção no mundo físico, é simplesmente uma pequena fração da verdade suprema que governa o universo.

E assim, depois de eu ter presenciado fenômenos como passagens, profecias, materializações e curas impossíveis, e de ter sido agraciado com a presença de mestres de rara sabedoria, percebi que minha relação com o tema da morte havia se modificado. Era chegada a hora de responder à pergunta que me impulsionou nesta viagem ao mundo dos 100%.

## Qual o Significado de uma Vida que se Esvai a Qualquer Instante?

A morte é o tema mais difícil da jornada do homem neste planeta. Mas, afinal, do que se trata essa experiência da despedida do corpo e de todas as demais referências físicas deste mundo?

Ao ingressar no mundo dos 100%, fui brindado com todas as revelações descritas neste livro. Diante de tantas evidências, como acreditar que a vida simplesmente se esvai? Se assim fosse, como explicar os contatos por meio da mediunidade de Chico Xavier ou pelas mensagens recebidas por Célia?

Se há uma vida que parece se esvair, é a da forma física. Porque a alma, ao ingressar neste planeta, recebe uma forma, mas trata-se de algo transitório. Essa é a regra do jogo. E, embora ela seja clara, preferimos nos esquecer disso. Assim, vivemos identificados com as formas, principalmente quando as coisas vão bem: vida material, afetiva, profissional, social. Porém, em algum momento, elas começam a deixar de dar certo.

Essa é a natureza do mundo das formas: nada dura por um longo tempo. Algumas formas se dissolvem, outras se constroem, como as ondas do mar que se criam e se desfazem, a todo momento. A essência vital do Universo não tem formas.

Todavia, saber disso não alivia a saudade que temos das pessoas que amamos e que se vão. Então pensamos: nos encontraremos novamente? Diante do afastamento delas, nos sentimos desamparados, tristes, sem saber o que fazer. Da mesma forma, quando alguém está em seus últimos momentos, embora quase sempre não possa falar, também expressa o mesmo medo de deixar seus entes queridos.

Mas o que dizem as pessoas que estiveram à beira da morte e depois regressaram? Há muitos registros e o mais curioso é que todas mencionam um mesmo túnel de luz.

No Livro Tibetano dos Mortos, essa experiência é descrita como o esplendor da luz branca do vazio. Um portal que se abre por alguns segundos, por onde entram apenas os que encontraram a dimensão da realização em suas vidas.

A maioria, entretanto, deixa a oportunidade escapar, por estar demasiadamente identificada com o corpo, com os pensamentos e com o medo. O apego ao mundo das formas cria uma resistência que faz com que, estando diante da abertura desse portal, se afaste e depois acabe por perder a consciência para o restante da "viagem".

Uma pena, porque esse momento pode trazer um intenso despertar, uma grande meditação. Aliás, a maior meditação possível. Pude presenciar algo semelhante na passagem de meu querido aluno José.

Ainda assim, precisava de uma resposta, não pela visão de outro, mas pela minha própria visão. Lembrei que Yacov me escrevia pelo menos duas vezes ao ano, me convidando para retornar ao templo. Mas não era fácil, pois, além da família e da empresa de informática, eu tinha uma agenda lotada com cursos, rituais e diversos outros eventos ligados ao trabalho com a Cabala. Por isso, sempre postergava.

Até que chegou o dia 8 de março...

# Capítulo 8

# DE VOLTA AO TEMPLO

# O Retorno

Era o dia de meu aniversário. Deveria ser um dia feliz, mas, quando percebi que, ao levantar da cama, continuava adormecido, fiquei assustado. Não me sentia desperto como em outros tempos. Mesmo conduzindo tantas pessoas pelo caminho espiritual, percebi que havia uma distância considerável entre o que eu ensinava e o que eu praticava.

Percebi também que títulos como os de mestre, escritor, sacerdote — todos rótulos! — nada mais são que disfarces utilizados pelo ego para retornar ao comando.

Lembrei-me de algo essencial nesse caminho, para o qual já havia sido alertado: não há qualquer garantia. No caminho da evolução da alma, se o estado de conexão se perde, tudo o mais se esvai em cascata.

Acontece o mesmo com um casamento. Por mais apaixonado que seja o casal, ambos precisam regar aquela semente com amor e demais ingredientes que mantenham o frescor da vida. Entre eles, a ousadia — é ela quem mantém o frio na barriga, obra do inusitado, do surpreendente que excita.

Movido por essa ousadia, remanejei todos os compromissos de minha agenda e comprei, apressadamente, passagens aéreas. Estava determinado a retornar ao templo.

Doze anos já tinham se passado desde a primeira despedida junto à minha mulher, no saguão do aeroporto, quando ela havia me dito uma frase que nunca mais fugiu de minha memória: "Traga-nos algo que valha a pena!" Dessa vez, ela não falou nada, apenas sorriu.

Foram dezenas de horas, trilhando o mesmo caminho de outrora, com viagens de carro, avião, escalas e uma longa caminhada a pé. Cheguei ao templo. Uma emoção indisfarçada tomou conta de mim, quando me vi frente a frente com o portão de madeira rústica, que era novamente aberto pelas mãos do amigo Yacov. Após me dar um abraço afetuoso, ele me levou para a casa oito.

Já não me assustava mais diante da iminência com a qual o número oito se apresentava em minha vida. Principalmente porque já entendia o que esse número significava e o que ele desejava de mim. Falava de subir uma "oitava", da possibilidade de enfrentar o mundo sob uma nova perspectiva, onde há lugar para o milagre, para o infinito.

O templo estava ainda mais bonito. Curiosamente, mesmo com toda a evolução tecnológica do mundo, ele continuava a ostentar apenas uma televisão, agora maior e mais moderna, um telefone central, sem ramais nos quartos, e a única novidade era uma pequena sala com três computadores.

Apesar da pouca idade, Yacov possuía um desenvolvimento espiritual admirável e por isso foi o escolhido para substituir Rav Coah, em detrimento de discípulos muito mais antigos. Felizmente, essa sucessão não gerou qualquer mal-estar. Afinal, ali não existia brecha para disputas ligadas ao ego. Todos que viviam no templo o faziam única e exclusivamente por um mesmo desejo: trilhar o caminho da realização.

Estávamos no início da primavera e naquela região, de clima desértico, havia calor intenso durante o dia, seguido por noites frias, às vezes gélidas. Em minha primeira noite, ainda não adaptado, foram necessários três cobertores para que eu pudesse relaxar e dormir.

No dia seguinte, acordamos e fomos para o ritual da manhã. Sentia saudades daquela conexão, principalmente pela atmosfera do templo, que tornava tudo ainda mais mágico.

Após o café da manhã, conversei com Yacov sobre amenidades, por uma ou duas horas, até que ele me fez um convite: "Eu sei que você não veio até aqui fazer turismo. Posso ver em seus olhos que continua com a mesma sede pela evolução e busca por respostas. Foi para isso que chamei você."

E prosseguiu: "Conforme o mestre Coah nos ensinou, temos aqui um livro mágico, capaz de revelar os maiores mistérios da criação: o *Sefer Ietsirá*. Em meio a tanta sabedoria contida no texto, uma prática, em especial, abre o acesso a portais inimagináveis da existência. Ela envolve o círculo dos 231 caminhos, ou círculo da recriação da vida. Sei que você já foi iniciado nessa prática, mas, dessa vez, faremos algo ainda muito mais profundo."

Yacov me contou que Coah, em toda a sua vida, iniciou apenas três discípulos nesse ritual. Explicou detalhadamente sobre o que faríamos juntos, o que me fez lembrar de rituais intensos praticados por povos antigos. Mas se tratava de algo ainda mais forte e, por isso, exigia preparo. E me perguntou se eu estava decidido a fazer parte disso.

Diante de minha afirmativa, ele recomendou que fizéssemos três dias de intensa purificação. No primeiro, faríamos um jejum de palavras. No segundo, um jejum ainda mais intenso: de pensamentos. Um rigoroso grau de vigília era necessário para administrar o que de mais incontrolável existe em nós. No terceiro dia, passaríamos 24 horas sem comer e sem beber.

Assim fizemos. Depois dessas 72 horas, quebramos o jejum tomando chá e comendo frutas frescas. Me sentia revigorado, novo, como há anos não acontecia. A vista do jardim, o contato com a leve brisa do deserto, meu próprio corpo... Tudo parecia ter sido remodelado.

Em seguida, tomamos água energizada de cura e partimos em uma caminhada, para um lugar exótico, afastado do templo, ao qual eu jamais tivera sido apresentado antes.

Ali, havia uma tenda, aberta em cada uma de suas seis pontas, formando uma estrutura em forma de estrela. Ao entrarmos, descobri que todos os monges do templo estavam presentes, sentados sobre a grama e em volta de três imensas toras de madeira, em brasa. Era final de tarde e o calor do dia já havia sido substituído pelo ar gélido da noite.

# O caminho do místico

Yacov trouxe em suas mãos alguns pergaminhos: eram originais do *Sefer Ietsirá*. Passamos cerca de duas horas ali, todos juntos, orando, evocando mantras, cantando, em alternância com momentos de silêncio. Até que, em certo instante, o então Rav Yacov pediu aos demais que regressassem ao templo, deixando-nos a sós, somente eu e ele.

Em seguida, orou por proteção das forças angelicais. Dirigiu-se a cada um dos quatro pontos cardeais: ao apontar suas mãos para o oeste, evocou a força do anjo Michael; para o sul, Nuriel; para o leste, Rafael; e para o norte, Gabriel.

Meditamos em silêncio, enquanto acendíamos sete incensos em locais estratégicos da tenda. O silêncio era quebrado apenas nos momentos em que Yacov recitava bênçãos. Finalmente, ele me convidou para meditarmos nos 231 caminhos.

Dessa vez, entretanto, não apenas respiramos, mas também vocalizamos as duplas de letras sagradas de uma forma inusitada, contínua, mágica. Uma grande concentração era necessária, já que, segundo o *Sefer*, um único erro nos obrigaria a retornar ao início do processo.

Mais de duas horas de intenso trabalho espiritual já tinham se passado até que comecei a me sentir muito mal: uma mistura de enjôo com pressão baixa, aliada a medos psicológicos de revelações sobre minha própria face sombria. Eu jurava que estava diante da morte.

Já era madrugada quando Yacov olhou fundo nos meus olhos e disse: "Você não precisa ter medo. Estamos amparados pela força de Deus. Nossos mestres também estão aqui conosco. Feche os olhos agora e sinta a presença. Se você largar o medo, poderá entrar em um lugar único, cuja visão é magnânima."

Depois disso, não me lembro de muita coisa, exceto que comecei a tremer. E quando me dei conta, estava diante de um túnel. Já vislumbrara tal sensação anos antes, quando acompanhando a passagem de seres queridos que deixavam este mundo. Mas agora, quem estava dentro do túnel era eu. Algumas perguntas martelavam a minha mente:

- Seria o momento de minha partida deste mundo?
- Estaria eu preparado para esta viagem?
- O que estaria me esperando do outro lado do túnel?

Em um dado momento, lembrei-me de uma frase de meu mestre, e todas as perguntas cessaram:

"Nada real pode ser ameaçado!"

A experiência se aprofundava e fiquei pasmo ao ver uma luz emanando de meu próprio corpo. Minha concentração se tornara tão profunda que não tinha mais a sensação corporal. Quando o medo ameaçava tomar conta novamente, a visão se dissipava e o mal-estar voltava. Mas Yacov estava do meu lado e me dizia: "Essa força vem de Deus, não tenha medo dela!"

Os primeiros raios de claridade da manhã já despontavam no céu e eu me sentia eternamente agradecido por tudo o que aquele jovem mestre me proporcionara naquela noite: os portais para os planos mais elevados da existência foram abertos.

Quando caminhávamos de volta ao templo, não me lembro por qual motivo exatamente, começamos a gargalhar. Ríamos descontroladamente, sem qualquer razão aparente. Aliás, tinha sim um motivo: havíamos atingido a transcendência. E quando se alcança esse grau de consciência, descobrimos toda a ilusão à nossa volta.

A visão por trás das cascas é abençoada. Quem conhece o templo da morada do divino substitui todas as tristezas e inquietudes por uma alegria inabalável. Yacov me disse: "Esse é o mais confiável critério para você saber se está percorrendo o caminho certo: pergunte se existe alegria e leveza naquilo que está fazendo!"

Naquela noite, por uma via nada mental, percebi que os milagres estão em todos os lugares. Descobri também que nossa alma é imortal e provém de uma força magnífica, que a tudo criou. Quando em contato com essa força, como um filho que encontra a proteção do pai, descobrimos que não há nada a temer.

\*\*\*

Mais dois dias se passaram e eu me via retornando daquele lugar mágico, em meio ao silêncio do deserto. Ainda era manhã, quando uma leve brisa se fez presente. Em poucos minutos se transformava em um vento feroz, que parecia desejar arrancar a vegetação rasteira que se fundia com o solo arenoso.

Quando olhei na direção de meu pulso esquerdo, vi que o relógio presenteado por Coah não estava mais ali. Não sei bem o porquê, mas, mesmo sozinho, comecei a rir.

Não precisava mais invejar a liberdade do deserto, que a cada dia cria novas dunas, desfaz antigas, recria suas paisagens. Agora sentia o frescor da liberdade, de quem não tinha nada a perder, pois aprendi que nada real pode ser ameaçado. Foi através desta descoberta que Yacov superou o seu trauma de infância.

Em função de um sonho, ele mudou o rumo de sua vida em 180 graus e foi em busca das letras que protegiam o seu túmulo. Bendita a ousadia que permite a um homem partir em busca de um sonho. Yacov desfez o seu trauma quando aprendeu que a morte só leva o que é ilusão: onde o amor foi plantado, ela nada leva.

Um dia, quando menos esperava, também passei por uma imensa provação. Descobri um sério problema de saúde, imagens raras mesmo para os maiores especialistas. Hoje me sinto grato a eles, porque me permitiram escutar o chamado para toda essa viagem pela árvore da vida. Me ajudaram a lembrar quem realmente sou e o que vim fazer aqui.

Hoje tenho a sensação de viver também por Nerruniá, por Coah, pela gata Miau, pelo meu aluno José e por tantos seres queridos que se foram deste mundo físico, mas, pelo seu amor, deixaram seus rastros imortais dentro de mim. Se não fosse pelo amor, nada teria restado. Esse é o Santo Graal, procurado há milênios.

Amor que me trazia saudades quase insuportáveis, de meus entes queridos, nas visitas ao templo. Desta vez, no entanto, minha estadia foi abreviada. Em mais três dias estaria em casa com eles.

A vida ainda me traria muitas lições. Descobri que trilhar este caminho não é o suficiente para nos tornarmos invulneráveis às provações do mundo físico.

As palavras-chaves da árvore vida, entretanto, se impregnaram em minha alma. Aprendi que, a cada momento, independente do que a vida nos apresenta, podemos escolher entre as ilusões perecíveis do mundo físico e a construção de laços amorosos, que nos tornam imortais.

As imagens do templo jamais me deixaram. Sempre que me sinto apegado a alguma situação ou idéia congelada, procuro lembrar do deserto, onde nenhum cenário dura muito tempo. Ele parece imitar a vida!

## Para falar com Ian Mecler:

ian@mecler.com.br
www.portaldacabala.com.br

## Conheça outros livros do autor:

### A FORÇA – O Poder dos Anjos da Cabala

*A Força* nos traz respostas impactantes sobre o mundo dos anjos e ensina, através de um guia prático, a obter a força necessária para que possamos partir em busca do que é realmente significativo.

### AS DEZ LEIS DA REALIZAÇÃO

O livro oferece uma síntese dos principais ensinamentos da Cabala e de outras sabedorias espirituais. Essencialmente prático, este é um livro para ler e reler muitas vezes.

### AQUI AGORA – O encontro de Jesus, Moisés e Buda

Com uma linguagem direta e bem-humorada, o livro é uma viagem guiada pelos maiores mestres da humanidade, fundamentada também nos códigos da bíblia. O livro inteiro trata de uma possibilidade revolucionária de se largar os excessos da mente para viver integralmente no momento presente.

### O PODER DE REALIZAÇÃO DA CABALA
### (ACOMPANHA DVD)

Ideal para iniciantes e mesmo para cabalistas mais experientes, o livro é uma referência da sabedoria da Cabala, trazendo temas essenciais na vida humana. Contém importantes apêndices com o significado dos 72 NOMES DE DEUS e a energia predominante dos 12 MESES DO ANO.

### A CABALA E A ARTE DE SER FELIZ

Com um texto claro e objetivo, mas ao mesmo tempo sensível e espiritualizado, este livro ensina, entre outras coisas: Técnicas de auto-observação para despertar sua consciência, a verdade sobre a lei da atração, Meditações para saúde, felicidade e sucesso e segredos da meditação dos 72 Nomes de Deus.

Este livro foi composto na tipografia Adobe Garamond, em corpo 13/19, e impresso em papel Off-White 80g/m², no Sistema Digital Instant Duplex da Divisão Gráfica da Editora Record